心靈影像的力量

讓你不得不心想事成，而且不必和自己硬拚

馬大元／著

遠流出版公司

目錄 contents

目錄 contents

馬序

「馬醫師，也許你不記得了，但是你真的幫了我很大的忙……」

馮先生是協會的理事，很熱心參與各項會務。

「你還記得上次的工作坊，你要我們每個人都針對自己的問題，想出一個實用的『心靈影像』嗎？」

「當時我剛下班，腦筋一片混沌，實在榨不出什麼靈感……所以環顧會場，看到一個逃生門的綠色出口標誌，就隨口說出這是我找到的『心靈影像』。」

「神奇的是，在此之後，每次看到這個隨處可見的出口標誌時，我就越來越有感覺……」

「我之前的問題是，在某些情境下，例如開一個很重要的會議，就會有很大的壓迫感，甚至透不過氣來。」

「所有的公共場合都會有逃生出口，我發現，我所需要的，就是『壓力的出口』！」

「這個出口，可能是家人的關懷、同事的支持、下班後的桌球時間，甚至僅僅只是眼前一杯香醇的咖啡……如果事先就知道，面對所有的壓力，我都有能力輕易幫自己準備一個、甚至多個出口，壓力不知不覺就減輕了不少。」

「這是一個很棒的概念，而隨處可見的『逃生出口標誌』，就是最好的『提醒物』，符合優質心靈影像『貼切』、『印象深刻』、『反覆可見』三大原則，幫助我不斷加深『每個壓力都會有出口』這個重要信念！」

這是「心靈影像治療法」常見的迴響。通常，人們聽到世上居然存在著一種方法，可以在幾分鐘內解決多數的心理困擾，皆會覺得不可思議。而且，這種方法只需要施行一次，之後隨著時間，效果還會自動成長茁壯，夠神奇了吧！最難能可貴的是，這種方法沒有艱深的理論，也不需要嚴苛的訓練，任何人都可以在幾分鐘內學會它，並且立即使用、立即獲益！

想要一探心靈影像治療法的奧妙嗎？

第一篇 別和自己拚

硬要和自己的心靈拚，那是沒用的

前言

你是否曾經有過這樣的經歷：

失戀了，你想擺脫心痛的感受，忘記那個令你心碎的人，腦海中卻老是縈繞著他／她的影子；

過去的創傷，老是揮之不去，走不出傷痛的陰影；

看輕自己，沒有自信，覺得自己不如別人，覺得幸福永遠不會降臨在自己身上；

總是羨慕別人的口才、人緣、天賦與成就；

作業／工作的期限明明快到，你就是意志消沉，渾身提不起勁，無法準時完成；

擬定了充滿願景和野心的人生目標，卻總是五分鐘熱度，虎頭蛇尾；

明明知道這樣對自己不好，卻總是凡事都往負面想；

別人隨便一句話就可以輕易刺激你的情緒，讓你暴跳如雷、火冒三丈或傷心難過；

想睡的時候，自己的腦袋偏偏不睡，滿腦子胡思亂想，轉呀轉地停不下來；

新聞中的天災人禍，讓你心驚肉跳、魂不守舍，深恐同樣的事情會發生在自己或家人身上；

輪到自己上台演講、表演或是在會議中做簡報，明明練習了無數次，卻仍然緊張到雙腳顫抖、語無倫次？

＊＊＊＊

如果以上的經驗在你的人生中一再出現，佔據了生命中許多寶貴時光，那……你的心靈是屬於「不聽話」的！

還好，你並不孤單，因為……沒有人的心靈是聽話的！

既然心靈不聽話，許多人於是成為一個徹底認命的人，任憑心靈擺佈，讓這個心靈帶著他，日復一日做著應該與不應該做的事情；生命中只要出現疾病、折磨等摧殘打擊，他就舉手投降。

另一些人，則將自己的心靈「塵封」起來，如同千年古井、槁木死灰。這樣的人，你在他臉上看不出什麼喜怒哀樂，也實在想不透他的人生過十年和過一天有什麼差別。他的心靈已經過於「老練」，老練於與其他人禮貌上的互動，老練於每天戴著面具過日子。

古往今來，不知有多少人想要改變自己的心靈，甚至不惜用意志力和自己拚了，奈何效果總是有限。以下的例子，相信許多人都不陌生吧：你非常想要徹底戒除一個壞習慣；但夜深人靜、孤單寂寞時，卻又乖乖回去找這個「老朋友」。

有沒有快速、有效、且持續提升心靈的神奇方法呢？

在我十多年的職業生涯中，每天都要面對許多不快樂的人。可惜的是，在現今的醫療生態下，雖然我懷抱著滿腔熱忱，但對於大多數的當事人，也只有幾分鐘的時間可以提供協助。

我開始思考，是否有什麼快速又有效的方法，可以讓人在幾分鐘、甚至幾秒鐘之間，就發生改變……至少是可以「點燃」改變的契機！

醫學專業的文獻裡，恐怕很難找到這種神奇方法。可是，無論是歷史故事、我的當事人的親身經歷，還有我個人的生命歷程中，卻充滿大量例證，訴說著這種「電光石火之間就能發生的心靈鉅變」！

而且，在我自己的臨床經驗、進修學習以及日常生活裡，也不斷發現這些寶貴的實例。最後，讓我不得不相信：**快速、有效且持久的改變，確實是可行的！**

這就是本書要告訴你的，也就是利用一個「心靈影像治療法（我把它稱為Mental Image Therapy，簡稱ＭＩＴ）」，讓正向的想法自動、源源不絕地注入你的心靈。ＭＩＴ的技巧，早已存在於人類的歷史文化之中，甚至每個人都曾經歷過！在你的生命中，它一定曾經轟轟烈烈地發生又結束，大幅改變了你的生命樣貌，只是大多數人對於這個幕後功臣卻渾然不知！

我主動將ＭＩＴ的技巧應用在當事人身上後，常常可以目睹他們立即的變化，要不然就是事後會充滿感激地把他們的感覺回饋給我。透過這些動人故事的激勵，更加深了我開創一門嶄新心理治療技術的發想。

既是治療法，也是自療法！

寫作此書時，每當完成一個章節，第一個分享對象常常就是我的內人。內人的職業是職能治療師，對於心理專業也有不少涉獵。當她第一眼看到這個助人技巧的名稱是「心靈影像治療法」時，就斷言：「沒有人會承認自己需要『治療』啦！如果是叫做『心靈影像自療法』，還比較符合現在人的胃口吧！」

的確，儘管很多人都有心理上的困擾或是難言之隱，但多數人會選擇自己面對，最多透露給信任的親朋好友。很少人可以放下心防，直接尋求專業的協助。

不過，心靈影像治療法雖然由心理專業人士施行起來十分容易上手，但它也是一種十分親民的調適技巧，簡單易學，具有「自我療癒」的強大威力！

這是最便捷的助人技巧

我是助人工作者。和許多助人工作者一樣，我們共通的目標是「幫助人做改變」，而我們共同的困境則是「人不容易改變」。同時，我們也「沒有這麼多時間」一直去督促他們做出改變。

如果有一種簡單的方法，可以催化每個人自然而然地改變；而且之後的日子，這種催化可以不須外力就自動、持續發生，直到新習慣養成，讓心靈更上一層樓，這不是很棒的事情嗎？

而這種心靈的改變與昇華，不需花費多少時間、精神或是金錢，可以永遠跟著你，別人搶不走，真是一筆最划算的投資啊！

MIT如此簡單易懂，簡單到可能會令人忽略它的威力與重要性。如果你正處於人生低潮，甚至瀕臨崩潰邊緣……在做任何重大決定前，請務必先試用一下神奇的MIT技巧！如果你身邊有心情低落、煩惱焦慮，或習於自暴自棄、甚至自我打擊的人，請您務必將這種技巧介紹給他。如果他已經情緒低落到連看書的動力都沒有了，請為他解說這種道理。也許，一條生命就此挽回，甚至從谷底攀升、否極泰來，從此展開截然不同的新頁！

準備好了嗎？現在，就讓我們一起體驗一下，在電光火石之間翻轉心境的奇妙時刻吧！

第一章

如何改變人的心靈

你不能不知道的醫療現況

從事醫療工作十七年，我一直在找尋所謂「最好」的改變心靈方式……

經過漫長的住院醫師訓練，並通過嚴格的專科醫師考試後，我成為正式的主治醫師，開始負責各項臨床醫療業務。

大家都知道，門診時只要人一多，每位當事人所能分配到的時間就會被壓縮。在短短的五到十分鐘，甚或只有兩、三分鐘的時間裡，如何與當事人「談」出一些有意義、甚至有治療功效的內容，就成為我一直苦心思索的課題。

我開始探詢其他心理大師的足跡，希望能找到在真實世界中更為「犀利」的心理治療技術。

最初接觸到的是威廉・葛拉瑟（William Glasser）的「現實治療」，他強調當下與未來，不再花費時間探索過去。從此，這個派別最著名的問句：「你要的是什麼？」就成為我和當事人會談的主軸，雙方以此為起點開始討論，會談效率大幅提升。

之後，又無意間接觸到「焦點解決短期治療」；「短期」這兩個字深深吸引我的目光，深入鑽研後才知道，雖然諮商輔導界早就開始重視「焦點解決短期治療」、「敘事治療」、「合作取向治療」等「後現代」治療學派，可是這些見解卻很少受到臨床治療者的青睞。

我發現，後現代學派的許多治療技術，可以將其獨立出來，在門診短時間的對話之中充分應用。只要聚焦成功，通常效果頗佳。

這樣的切身體驗，讓我不再想要改變當事人「整個人」，轉而專注於如何啟動當事人在想法上的「小小」改變！因為小小的改變，常常可以引發良性循環，造成後續滾雪球般的巨大效應！這在臨床案例中是屢見不鮮的。

這些成功的經驗，讓我對於「如何在短時間內影響一個人」，產生了深入探索的興趣。

我的故事：當場改變心境的神奇時刻

我回溯從小到大的生命歷程，尤其是與人互動的經驗中，是否曾出現過一些短暫、但足以造成重大改變，甚至引發「性格重塑」的神奇時刻？這裡有兩個重要課題：第一是時間上的「快速」，第二是功效上能達到「持久改變」。

我確實擁有兩個印象深刻，且影響深遠的生命經驗……第一個經歷，發生在小學中年級時。

我從小就是自我要求很高的人。進入小學的第一天起就滿懷焦慮，因為我沒讀過幼稚園，很怕表現不如其他人。

父母都不必要求，我自己就特別注重學業表現，作業不但要寫完，而且還會再三檢查，數學題目一定要反覆驗算，國語習作如果字寫得不好看，也會擦掉重寫。每次大考小考前都苦讀到深夜，確定所有考試內容都已滾瓜爛熟。因為這樣的堅持，成績始終維持在班上前三名。

有一次，在好奇心下翻閱一位好朋友的作業，發現他有好多地方都沒寫，我趕緊提醒他要補齊。沒想到，他的答案讓我好驚訝：「寫功課幹嘛這麼累？幾題沒寫也不過得個『乙』而已，又沒差！」

我一時迷惑了……對啊！我每天把自己逼得這麼緊，這樣是幹嘛呢？

於是有一天，我開始學他：一題造句久久想不出來，乾脆就讓它空著。第二天，就這麼交了出去……

中午，班導師改到我的作業時，發現一向認真又細心的我，竟然漏寫了一道題目。她好心地將我叫到跟前，翻到那一頁，用眼神提醒我是不是該補一下。

我不假思索地開口說：「可是，其他同學的作業也常沒寫完就交了啊！」

班導師是一位慈祥又充滿睿智的長者，她沒有和我爭辯，她只是很誇張、很慢地做出一個恍然大悟的表情，點點頭，舉起粗粗的紅筆，慢慢在我的作業上打了一個大大的「甲下」！

我一看到這個「甲下」，淚水就瞬間潰堤，因為它如此刺眼！我的心中狂喊著：我要的不是「甲下」啊！就算這樣能輕鬆一百倍，這也不是我想要的啊！

班導師明白我是個好強的孩子。如果她勸我，那麼依照我的個性，一定會拿出一大堆理由和她辯論。最後我只會強化自己的信念，認為「人不需要如此堅持完美」。所以，她選擇用誇張的表情、動作，不費一言一語，就發揮「以退為進」的強大威力！①

老師誇張的表情，還有那個「甲下」，深深烙印進我的腦海，改寫了我的神經線路；從此我發誓，這輩子只要是自己做得到的事情，就一定要全力以赴，沒有絲毫怠惰的空間！也因為如此，可以在之後求學生涯中順利晉級，最終得以進入醫學院。

也許有人會認為，過度堅持完美是不健康的……但是走入職場多年以後，我深深深體會，社會為「醫生」這個角色設定這麼高的門檻，目的並不是為了要找出最聰明的人，而是要篩選出最自律、最細心、堅持零失誤的人啊！對於從事攸關他人生死工作的人，這樣嚴格的把關機制，難道不是對於全民權益的最佳保障嗎？

班導師只花了五秒鐘，甚至沒有開口，就徹底改造了一個孩子，同時還為我的未來生涯，打下了穩固的心理基礎。這真是超級快速的心靈改變法，而且效果長久、深刻。我想，就算是多數老練的心理治療者，也要自嘆弗如吧！

道理要「活生生」，才會有效！

二十年後，發生了第二個印象深刻的生命故事……

我剛抵達新竹，成為醫院創科的主任醫師，帶領二十多人的醫療團隊開疆拓土。雖然我充滿願景與雄心壯志，但由於缺乏領導統御的經驗，加上衝動的個性，不但惹出不少麻煩，也逐漸失去屬下的向心力！

那時候我花最多時間做的事情，就是用自以為聰明的頭腦，回想每天發生的大小事情。完美主義的我，總以為分析出事發的原因，問題就能迎刃而解。

但解決方案還遙遙無期，我卻因為腦袋中塞滿這些負面的事件，弄得自己頭暈腦脹、精疲力竭……

不久後，在好友介紹下，我參加了一個特別的心靈成長課程。第一天，我就被課堂上的一個小插曲深深打動！

討論時間，某位學員告訴講師，最困擾自己的一個問題：「我總是為了已經發生、無法挽回的事情反覆煩惱甚至懊悔萬分，不但浪費時間，而且牛角尖鑽來鑽去只是讓自己更不好受，請問老師有沒有什麼好方法可以解決？」

功力深厚的外籍講師並沒有直接回答她的問題，反而緩緩問出幾個新問題：

「妳有開車嗎？」

學員回答：「有啊……每天開車上下班。」

學員心裡對於講師無厘頭的問句有點納悶。同時，全場學員也豎起耳朵，露出狐疑的表情。

「開車時眼睛會看哪裡呢？」

學員回答：「當然是看著前方啊！」

講師淡淡地說：「如果有一個人，開車時老是看著照後鏡，會發生什麼事情？」

學員答道：「當然會撞車啊！」

這時講師的眼睛綻放出光芒：「所以，開車時該看哪裡呢？」學員沒有回答，但已經露出會心的微笑，滿意地點點頭。全場一百多位學員在這一瞬間爆發出掌聲、笑聲，為這段簡短對話的深遠意涵敬佩不已。

我當下也有一種被震撼到的感覺，反覆揣摩那種開車時，又必須注意前方，又忍不住老想看照後鏡的滑稽感受。

重點是，那次的課程結束幾個月後，有一天我突然發現，我已經很久沒有像過去一樣，為了已然發生、無法挽回的事情一再鑽牛角尖了！正確地說，每天發生的事情我並沒有忘記，但是反覆回想的時間大幅減少了！就算有，也僅是蜻蜓點水，就像「開車時專注前方，但偶爾也會瞄一下照後鏡以知道後方交通狀況」的感受完全一樣！

這樣的新習慣，讓我的負面情緒少了很多，也能節省出更多時間用來解決問題、規畫未來。

那次課程裡面聽到講師的一個簡單譬喻，就解決了我的心理難題！讓我不禁思索，這樣快速又有威力的改變是怎麼來的？

首先，「看著照後鏡開車」的譬喻是如此荒謬，讓人對它瞬間產生深刻的印象。**換句話說，它是一個「活生生的道理」**，有畫面、有劇情、有情緒，所以能立即打動人心。如果當時講師是平鋪直述地勸學員說：「人生要向前看，不要老是向後看……」絕對不會有如此巨大的影響力！

更重要的是，**這個「開車該看前面，還是看照後鏡」的畫面，是我們每天都會接觸到的！**不管是自己開車、坐別人的車，或是望著馬路上來來往往的汽機車；每當看到「照後鏡」，就會加深一次「別老是懊悔過去」的「想法」。反覆增強的結果，「想法」就會成為根深蒂固的「信念」，過去的壞習慣也就逐漸消失無蹤了。正因為如此，它的效用是長遠的，甚至可以持續終生！

經由這兩個深刻的人生體驗，我確定世上存在著快速、有效的心靈提升方法！接下來，更重要的工作，就是整理出這項技術背後的原理，去蕪存菁，並於臨床經驗中充分應用，以驗證它的功效。藉由反覆施行、檢討與改進，或可成為別具一格的心理治療新學派，幫助更多深陷困境的苦難心靈！

①當一個人準備要跟別人辯論時，會在心中先反覆強化自己抱持的想法。一旦這樣的想法經由反覆加強，最後被潛意識吸收，就完成了「自我催眠」的過程，一個難以打破的「信念」就此形成。這個道理運用在老師打分數的故事上，小學生的我本來擁有一個正向特質（很仔細，很努力），可是如果我完成了以上的「自我催眠」過程，那麼我的正向特質可能就消失了！所以我的老師發揮「以退為進」的高明技巧，讓我的正向特質得以保留下來。

關於更多「以退為進」等影響別人或自己於無形的高明催眠技巧，請見筆者與鄭匡佑教授、鄭匡宇博士合著的《小心！你被催眠了！》一書，其中對於隱藏式催眠有詳盡的描述。

第二章

讓心靈影像治療法為你服務

心靈影像，為何如此深刻？

前面一章提到我的兩個生命故事，它們深深刻印在我的心底，永遠不忘。為什麼我無法忘記它們？它們為什麼改變了我？這就是「心靈影像治療法」的神奇之處了。（前面說過，我把它稱為Mental Image Therapy，簡稱ＭＩＴ；而心靈影像，我簡稱為ＭＩ）。

要了解ＭＩＴ為何會有效，我再多舉出一些例子，看看什麼樣的經驗，會讓人產生快速、長期的改變，再歸納出它們的共通之處。

例一：一朝被蛇咬，十年怕草繩

試想這樣的情境：

你懷著輕鬆的心情，在郊外登山健行。突然間，小腿傳來劇烈的疼動；低頭一看，發現竟然是一隻斑斕的小蛇，惡狠狠地咬在你的腿肚子上！細長的蛇身還不停地在蠕動……

接下來，是倉促驚恐的送醫與急救，你提心吊膽，越想越擔心……我會不會毒發身亡？全家會不會從此陷入愁雲慘霧的困境？會不會傷口感染而截肢？

所幸，治療得當，復原進度頗佳。但糟糕的是，視野中只要出現長條狀的物體，就會自動引發一連串驚慌的身心連鎖效應。有次看見一條草繩，匆匆一瞥下被大腦解讀成是蛇，瞬間帶來可怕的感受，驚恐中交感神經立即啟動：心跳加快、發抖、肌肉緊繃，負面的想法蜂擁而出：「蛇又出現了……要咬我了……我這次死定了……我的家人怎麼辦……」

這種「一次」卻「深刻」的經驗，在大腦中建立起一個牢不可破的反射，且效果甚為長久。這也是一些精神官能症（例如創傷後壓力症候群、特殊恐懼症、社交恐懼症等）之主要致病機轉。

例二：鐵杵成針

傳說詩仙李白小時候常四處玩耍。有一天，他拋掉課業去郊外玩，突然見到一位老婆婆蹲在溪邊，手持一根鐵棒，在一塊大石頭上磨呀磨。

李白很好奇，便問老婆婆說：「你在做什麼呢？」老婆婆回答他：「我想要磨出一枚繡花針啊！」

李白覺得驚訝，說：「這麼粗的鐵棒，怎麼可能磨成小小的繡花針呢？」

老婆婆從容地回答：「功夫用得深，鐵杵也能磨成繡花針啊。」

李白聽了，大受啟發。從此他專心一志，勤奮向學，成為一代大詩人。

以上的例子，可以讓當事人發生快速、深遠的改變，恰到好處，省時又省力，這就是ＭＩＴ的最佳範例。

換句話說，那是一種「悸動時刻」。會有「震撼」、甚至是「被雷打到」般的強烈感受！或者經歷一番「頓悟」、甚至「大澈大悟」的體驗。

當這個經驗發生後，一部分的你從此再也不同；你的想法、信念與行為徹底改變，人生的路途也因此大幅轉向！

可是，在另一方面，並不是所有鮮明的經驗或事件，都能造成人們行為的改變。例如許多人都看過、甚至經歷過車禍的恐怖場面；但是經歷這樣的重大事件後，你會從此一輩子都小心駕駛嗎？許多人辦不到。

電視新聞、報章雜誌中，不時會看到吸毒的慘烈後果，也不見毒癮者因此戒毒。更常見的例子：每包香菸上，都有警語及驚悚的圖片，照理說可成為最標準的「心靈影像」，但是多少人因為看了這些圖片就決心把香菸戒掉呢？

但是ＭＩＴ不需要借助重大的人生事件，畢竟重大事件不是常常發生，也不是隨時可以製造出來的啊！ＭＩＴ所採用的，都是輕描淡寫、但十分巧妙的情境。

有效的心靈影像

為何有些情境，也會具有等同於、甚至勝過人生重大事件的改變功效呢？我以多年來醫學與心理學的素養，以及臨床經驗中對於無數當事人的觀察與驗證，試圖歸納出MIT為何會有效的幾個原因。以下，分為「快速改變」及「深遠影響」兩個方面來做說明。

關於快速改變

一、人是有個性的，不會輕言改變！

要改變，就必須繞過他的心防。心理學有一句至理名言：「人們最喜歡做的事情，就是自己正在做的事情！」人不會輕言改變，即使知道改變對自己有幫助也是如此！如果你要以強硬的手法強迫他發生改變，他的抗拒心也會升高，這在青少年的身上最常看見。簡言之，改變的最大敵人就是心防。①

有很多心理學的技巧可以處理心防。一種是慢的，就是循序漸進，藉由耳濡目染、潛移默化，逐步解除當事人的心防。例如清純的女孩到酒店打工，從會計不知不覺逐步淪落為陪酒小姐。

在宣傳政策時，也常是逐步滲透人心的。例如有政治家認為，「人民對於政策的認同，常發生在對於文宣、標語、口號『厭煩』之後」。當初推出限用塑膠袋的環保政策，曾引發民眾的強烈抗拒；不知不覺中，隨身攜帶環保袋卻已逐漸成為大眾都認同的國民應盡義務。

醫院推行隨時勤洗手的習慣，初期大家也都覺得頗為麻煩。隨著時間過去，現在進出病房，即使沒有接觸任何東西，也常看到工作人員自動去洗手，彷彿不洗一下就渾身不對勁一樣。

這種方法的缺點是曠日費時，且中間如果突生變數，難免前功盡棄。我在法院協助非行少年多年，就常見到這樣的例子：某位少年經由觀護人、心理師的循循善誘而逐步改善，但放個長假被「哥兒們」召回後，就馬上破功，一切惡習故態復萌！

那，處理心防，真的有快速的方法嗎？

簡單說，**最快速的方法，就是「繞過」當事人的心防，直接抵達他的潛意識進**

行修改工程！

人們對於別人的批評或是不請自來的建議與忠告（即使這些批評對我們有幫助），直覺的反應常是不舒服，會加以抗拒或反擊。常見的是為人父母及師長以「生命過來人」的立場，苦口婆心，反覆勸說兒女或學生，卻發現這些珍貴的忠告，對他們來說只不過是耳邊風。

如果你是父母，也許會對於眼前這個「不受教」的人十分光火，但要記住一件重要的事：**你的敵人不是眼前這個人，而是他的心防！**不要與他的心防正面對決，你可以應用「中性的」心靈影像來旁敲側擊，往往可發揮出奇制勝的功效！

以上「鐵杵成針」的例子中，老婆婆和鐵杵對於李白來說是沒有什麼威脅、也沒有任何人身攻擊性質的「中性物」，即使是處於青少年叛逆期的李白，對此也不會產生什麼心防。而且這種無厘頭的表演，不但不會提升李白的心防，反而會引誘出十足的好奇心！

相對的，如果老婆婆是直截了當地告誡李白要少嬉戲、認真向學，就算態度再誠懇、理由再充分，也難保心高氣傲的李白不會斥之以鼻、拂袖而去。

二、直接修改腦內程式

很多人以為，改變的第一步，就是要「找出問題癥結」！好像沒有找出關鍵的問題點，就不可能達成改善一樣。這在其他領域，例如企業運作或是修理汽車，確實是如此；但是用在複雜的心靈，卻不必然。

大腦的運作類似電腦在跑程式，不同的程式，就會產出不同的結果。問題情緒或不適當行為的產生，就如同大腦的程式出了差錯，或是遭受外來病毒軟體的改寫。

但難題來了：如果每天有數萬個程式在運作，每個程式又有數千條指令，你要如何找出真正的問題癥結？

要找出程式是在哪裡出了問題，本身就是一個苦差事，耗時費力，未必會有結果。即使能夠找到問題的關鍵點，離修復與行為改變還有一段很漫長的路要走。

所以，這個工作，就讓「精神分析」治療者去做吧。

對你來說，**與其辛苦找到問題後再改寫程式，不如直接植入一個更有效的新程式！**優質的「心靈影像」（ＭＩ）就是簡單又有力的新程式。至於什麼是「優質」的心靈影像，在下一章會有更詳盡的解析。

但人腦的程式是什麼？這個大哉問，涉及「人是如何思考的？」以及「人是如何記憶的？」②

簡單說，「視覺」、「聽覺」和「身體感覺」就是我們記憶及思考事情的方式（回想你上一次去海邊玩得很快樂的場景），也就是人腦程式的運作方式。所以說，要修改腦中的程式或是植入新程式，也是用「視覺」、「聽覺」、和「身體感覺」的訊息來導入。

靈長類的視覺較其他感官都為發達，所以MIT當中的「影像」（I），當然也以視覺為主。③

再以我自己為例，我在國中時期的座右銘是：「即知即行、游刃有餘」，意思是「每當問題或是待辦事項出現，都要在第一時間就趕緊處理好，這樣生活就可以常保輕鬆愜意！」我還特別把這句話用毛筆工工整整寫好，貼在書桌前；它也變成我終身的信條，杜絕了拖延的習慣。

我到底是被「即知即行、游刃有餘」這八個毛筆字的外觀所改造了呢，還是這八個字的聲音（聽覺）或意涵影響了我呢？

仔細探索後，我發現，真正在我腦海中反覆打通神經迴路的、也就是造成想法與行為持續改變的，是每次回想起這個座右銘時，在腦海中所出現的「影像」：一個手舞長劍、動作乾淨俐落、瀟灑飄逸、氣宇軒昂的俠客形象。這個「大俠」才是我真正的「心靈影像」，帶來快速及深遠的影響！（後面還會詳細說到，這個大俠是哪兒來的。）

相對的，心靈影像雖然是視覺為主，但也蘊含聽覺及身體感覺這兩個成分。例如前面所描述的大俠，每當他在我的腦海中出現時，也會伴隨舞劍的咻咻聲和衣袖隨風飄動的颯颯聲，我的身體也會陡然升起一股「真氣運行、熱血沸騰」的感受。**綜合了「視覺」、「聽覺」和「身體感覺」的心靈影像，就是大腦最麻吉的程式語言，也才能夠發揮快速、深遠、甚至是終身改變的功效！**

關於深遠影響

為了持續提升專業素養及維持臨床工作的活力，只要一有空，我就會去參加各類學術或教育單位所舉辦的心理課程或工作坊。

在期間，可以觀察到一些熟面孔，反覆參加類似的課程；課程中的每次練習都是涕淚縱橫，每次分享都是深有所悟，但每次回來時卻也都還是深陷在同樣的問題與困擾中！

這些人，我稱之為「工作坊成癮者」，他們的覺悟與改變，永遠都只有五分鐘熱度！

這可說明，任何改變，若無法持續，終歸於一場空！也許到頭來，反而加深自己的負面信念，認為自己「永遠做不到」、「註定如此」、「沒有這個命」，讓改變的可能性更加渺茫！

所以說，「深遠影響」是任何有效的治療法之必備要素。深遠影響，顧名思義，即為要夠「深」也夠「遠」。換句話說，就是兩個重點，一是強度要夠，二是效力長久。

一、強度夠：

要解釋怎樣才算是強度夠的刺激，就要從人腦的結構說起。學者發現，在我們的腦內有一區叫做「邊緣系統」，負責情感、與情感有關的記憶與反應（尤其是恐懼的記憶與反應）及動機等重要功能。

可想而知，察覺危險、產生恐懼情緒並立即逃避，對於生存至關重要，是動物最早演化出來、也是最基礎的情緒。例如前面所提「一朝被蛇咬、十年怕草繩」的例子，可以說明這種機轉。

這在演化上是一種十分有效的保護機轉，可爭取時效，對於危險提前因應；但今天的世界與原始叢林截然不同，這種保護機轉反而容易製造出很多不必要的情緒困擾。畏懼症、恐慌症、社交恐懼症、創傷後壓力症候群等許多精神疾病皆是肇因於此。

不過，若適當應用，掌管情緒的邊緣系統也是我們自我提升的最佳工具！怎麼說呢？

因為，**所有影響深遠的改變，都含有「情緒」的效應參與其中；相對的，伴隨強烈情緒的事物，所引發的影響也會深遠！**

大腦對於哪些訊息會產生「過目不忘」的記憶呢？包括：

● 具有「強烈情緒」的：如初戀的情節、特別害怕或是特別噁心的事物等，例如無意間看到車禍受害者身首異處的恐怖畫面，回家後想忘都忘不了，甚至還會反覆在惡夢中出現。「想忘都忘不了」就是最標準的超級記憶！

● 新奇、罕見的：坐公車時茫然望著車窗外，眼前閃過幾間便利商店你一定不會有印象；但是如果途中看到一個失火的大樓，你一定會記憶深刻，甚至一輩子都忘不了。

● 有故事性的：人是群居的動物，為了求生存，必須分清楚敵友；所以對於人與人之間關係的變化，天生即是十分敏銳且印象深刻。例如週遭人們發生的「八卦」內容，總是讓人念念不忘；看了一場精采的電影，對於其中曲折離奇的劇情、複雜多變的角色關係，數年後仍能如數家珍，也是這個道理。

● 還有就是「投其所好」的：汽車迷可以記得喜歡的車款之所有資料，玩股票的人可以輕鬆記得幾十支甚至上百支股票的價位及長期變化等。越是自己感興趣的事物，接觸時自然會腦力全開，記起來既輕鬆又寫意。

● 最後是「切身相關」的：例如醫生想像之後在工作中須正確開立且需要跟病患充分說明某種新藥，所以可以在快速瀏覽一眼這個新藥的大筆相關資料後，即如數家珍牢記不忘；老師在準備明日的新課程，須要有本事將課程內容生動有趣地呈現出來，還要預防學生們各類發問（回答不出來會很糗），所以有強烈的動機快速吸收、快速記憶所有相關課程內容。

二、永保初心，效力長久

高爾夫球揮竿，只要力道夠、擊球點正確，球就可以飛得又高又遠。但是再遠的球，也終有落地的時候；就像再深刻的心靈啟發與頓悟，也可能會有逐漸淡化的時候，怎麼辦呢？

大家還記得自己過去的「新年新希望」嗎？沒錯！大多數都是以不了了之收場，所謂「五分鐘熱度」即是如此。

佛家有云：「初心不失，成佛有餘！」就是說每個人都是在難得的機緣下，發心向道；初時豪氣干雲、勤奮不懈，但隨著時間消磨，或是吃不了苦，或是遲遲未見到成果，道心就逐漸消退。如果時時刻刻都能如同初發心時一樣勇猛精進，那成佛只是早晚的事！

怎麼樣才能永保初心呢？

最好的方法，就是有反覆的「提醒機制」！與其說是提醒，更貼切的形容是，「能夠讓你反覆進入最初身、心、靈悸動狀態之機制」！

這種機制，最好就是日常生活中隨處可見的事物。我把這些日常可見、可以隨時提醒我們的東西稱之為「提醒物」（reminder）。

例如前章所提到的照後鏡、繡花針等。在日常生活中，每當你接觸到相關的提醒物一次，就會進入當初讓你悸動的身、心、靈狀態。無數次反覆增強的結果，當然會威力不墜、影響深遠！

細心的讀者會發問，筆者小學時被導師打「甲下」的例子，「提醒物」何在？

在「甲下事件」中，之所以能夠影響深遠，一來是因為繞過了腦中的阻抗（不跟你辯論、應你的要求給你甲下），二來是啟動了融合羞愧與自尊危機的強烈情緒。至於提醒物，當然就是各種作業與考試中一定可以看到的「成績」了！

而且，腦內掌管情緒的「邊緣系統」是採用「模糊對比」的，所以不一定是要「甲下」，只要是「成績」，不論是甲乙丙、ＡＢＣ、還是數字，多多少少都可以讓我「重溫」當初對自己的誓約。反覆加強的結果，「全力以赴」自然就成為我根深蒂固的性格因子；不需他人提醒或勉強自己，做來總是親切自然。

讓大腦使用正面的迴路吧

前面提到在大腦植入一個新程式，是促進改變最快速的方法。但是之前的舊程式呢？就不見了嗎？難道它就不會再出來作怪嗎？

每個習慣，都可以視為一個大腦迴路。例如我原本不會游泳，所以我的大腦中沒有游泳這個迴路。但是經過學習後，游泳的迴路就逐漸形成了。反覆練習下，大腦中的游泳迴路會越來越強壯。

同樣的，我們的壞習慣（例如反覆懊悔過去、自責、悲觀、憤世嫉俗）也都是一個個的大腦迴路。有些人負面思考的迴路實在太強了，以至門診時我常對一些當事人開玩笑：「如果悲觀也是一個奧運項目，你一定能夠拿到金牌！」

當我們腦中反覆使用的迴路逐漸粗壯，相對的，較少使用的迴路就會逐步萎縮，

以騰出空間給這些更常用的迴路。所以說，每個人都有一顆「用進廢退」的大腦。

MIT這個方法，就是藉用優質的心靈影像，讓人立即產生一個嶄新、深刻的體悟，這個體悟就是一個新的、正面的迴路。新的正面迴路開始運轉，再加上前面所提到反覆提醒的機制，就會讓我們的大腦一遍又一遍去跑新的正面迴路，新迴路也隨之越來越粗壯。相對的，舊迴路因為越來越少用，它就會逐漸衰弱、退化。當下次遇到問題或情境時，自然就會去跑比較順暢、粗壯的新迴路了。

比喻起來，就像是火車的轉軌器。原本火車是走左邊的支線，如果每次火車接近時，我就壓下轉軌器，讓火車改走右邊的支線；反覆幾次之後，轉軌器就會停留在壓下的狀態，讓火車永遠變成走右邊的支線。

又可以形容成河流的走向：本來固定的某個河道，我在旁邊挖一個支流，引導河水流向新的河道。隨著支流的流量逐漸增大，就會把新河道刻劃得越來越深、越來越寬闊。舊河道因為水流變少、流速變緩而逐漸造成泥沙淤積，最後就沒有河水流入了。新河道反客為主，成為主流的河道。

心靈影像一旦發揮作用，整個人就會如同偶像劇《犀利人妻》中謝安真的名言：「回不去了！」但這是好消息，因為你再也回不去之前不受歡迎的「死樣子」了。就像是打了預防針一樣，當同樣的情境、問題再出現時，你的心中早有熟練、反射式的因應之道，可以百毒不侵！

大家注意到了嗎，我剛剛運用了許多心靈影像，來解釋MIT的原理，讓大家有「深刻」且「長遠」的印象，不但可以將心靈影像的原理記牢，也對於心靈影像引發改變的本領更加有信心！

讀到這裡，大家可以感受一下自己是否已經建立了以下的信念：**在MIT的加持下，不論原來的我是如何，也不論過去我曾經失敗多少次，我相信改變是一定會發生的！而且如果用對方法，改變會發生得又急又快又輕鬆。隨著時間過去，我只會越來越好！**

①這裡所稱的「心防」，就是心理學上的「阻抗（resistance）」。而心理學上有許多處理阻抗的方法，例如同理、重構、回映式傾聽等，有興趣的讀者可以參閱威廉•米勒（William R. Miller）及史帝芬·羅尼克（Stephen Rollnick）的大作：《動機式晤談法（Motivational Interviewing）》，這是此一領域的聖經。

②老實說，科學界對於這方面的研究還不是很徹底，總之是電生理、神經傳導物質、神經迴路、蛋白質合成等複雜機轉共同運作的結果。

但是我們不需知道這麼深奧的東西，切身實用才是最重要的。想想，你自己是怎麼「想事情」、「回憶事情」的？你的內在經驗是什麼？神經語言學將大腦的程式運作分為「視覺」、「聽覺」、和「身體感覺」三種型式。例如請你回憶「這個禮拜最開心的一件事」，假設是去海邊玩，你是不是會在腦海中「看到」碧海藍天、也會看到隨行的人有哪些；同時在腦海中會「聽到」海浪聲、風聲、笑聲等；當回想這些時，身體也會同步「感受」到溫暖的陽光、清涼的海水、海浪拍打著身體、腳掌踩在細沙上等等各種豐富的感覺，這些都牽涉到「視覺」、「聽覺」和「身體感覺」，亦即我們記憶及思考事情的方式。

③除了視覺，其他感覺如聽覺，也常在「改變人」的任務中，扮演重要角色。例如一句響亮的格言，常能發揮振聾啓聵的功效。至於身體的感覺，例如失戀的經驗，那種「心痛」的感覺，屢屢讓人回想起就懊悔傷痛，告誡自己不要再犯同樣的錯誤。

會立即帶來強烈的「感受」，並引起「情緒」的變化。

表層意涵：這個心靈影像，同時具有我們以直覺馬上就可理解的「表層意涵」。

深層意涵：稍加思索後，這個心靈影像會讓我們突然頓悟，撞擊到內心，產生「深層意涵」。而這個深層意涵是可以超越時空，推及過去、現在和未來的。「強烈情緒」加上「深層意涵」，就是可以讓人有深刻且長遠改變的關鍵。

我們可以用唐朝馬祖道一禪師「磨磚成鏡」的故事來解釋。

有次馬祖道一禪師到衡山，想要向懷讓禪師學習。馬祖道一禪師抵達後就開始習定坐禪，以為這樣就能頓悟成佛。

懷讓禪師見到了，想要教導他「坐禪不一定能夠覺悟，重點在於能不能體悟自性」的道理，於是問：「你為何坐禪呢？」道一回答：「想要成佛呀。」懷讓禪師便拿起一塊磚，開始在石頭上面摩擦。這下換馬祖道一禪師發問了：「你為何磨磚呢？」懷讓禪師回答：「把磚磨成鏡啊。」

馬祖道一接著問：「磨磚怎麼能變成鏡子呢？」懷讓則反問：「那麼坐禪豈能成佛呢？」

感受與情緒：懷讓禪師磨磚的畫面，加上磨磚「沙沙」的聲音，就是一個兼備視覺及聽覺要素的「影像」。這個影像讓道一禪師一抬頭就看到、聽到，產生立即的「感受」。

表層意涵與情緒：當他聽到懷讓禪師說磨磚是為了做鏡子後，就跑出一個「怎麼可能」、「太誇張了吧」的想法，即「表層意涵」，同時，也產生驚訝、狐疑的「情緒」。

深層意涵與情緒：之後，又聽到懷讓禪師說出「磨磚不能成鏡，坐禪又豈能成佛？」這種話之後，爆發出一個更為震驚、同時又恍然大悟的情緒，也產生「原來我用功方向錯誤」、「人外有人、天外有天」、「今後須虛心求教」、「學佛不可著相」等啟示，即「深層意涵」。

以金字塔或是山嶺的形象來說，越是基層的部位，須要越高的質量，才能穩紮穩打、穩如泰山。所以，當你傳達一個心靈影像給朋友時，如果在他腦海中連影像都沒有產生，或是只能讓他產生直覺的感受、表層的理解，這樣是無法發揮效用的。此時這個心靈影像的造型，就不是穩重的金字塔或山嶺，而是一個頭重腳輕，弱不禁風的詭異建築。

這些心靈影像不要用

不良的心靈影像，沒辦法讓當事人產生共鳴，強度也不痛不癢，意涵平淡無奇，時

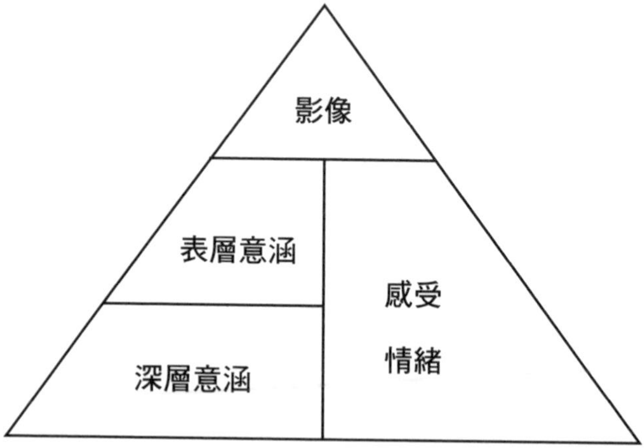

間拉長也容易遺忘。不良的心靈影像可以分為下面幾種類型：

●老生常談：了無新意，平淡無味，激發不出熱情。例如「失敗為成功之母」、「一分耕耘一分收穫」、「天涯何處無芳草」等。

●命令教條：雖然文字洗練，對仗工整，但缺乏對應的畫面與故事，淪為枯燥的八股教條。如「知恥近乎勇」、「助人為快樂之本」、「勤有功、戲無益」、「有志者、事竟成」、「善有善報、惡有惡報、不是不報、時辰未到」等。

●曲高和寡：實行不易，適合聖人等級的人專用，例如「知足常樂」、「施比受更有福」、「燃燒自己、照亮別人」、「忍一時風平浪靜、退一步海闊天空」等。尤其當一個人被負面情緒包圍時，更不容易去實踐。不要說當事人辦不到，甚至說這些話的人本身也做不到。

●負面嘲諷：例如「不聽老人言、吃虧在眼前」、「平時不燒香、臨時抱佛腳」、

「自作孽、不可活」等。當人們聽到明顯威脅自己尊嚴的批判時，直覺的感受通常是不舒服或憤怒，會找理由辯解或是反擊。這時他的心門一定是緊閉的，當然不可能產生有建設性的共鳴與頓悟。

優質的心靈影像

優質的心靈影像，能夠讓當事人產生深刻、長遠的影響，且具有「印象深刻」（Dramatic）、「常見」（Often Seen）、「適當的」（Suitable）等三個條件。英文的開頭縮寫剛好是DOS，很好記憶。

一、印象深刻的

心靈影像的核心條件，就是印象深刻。再細分可包含三個要素，即新奇的、富含情感的以及故事性的。

新奇的：千萬不能是老生常談，因為這些常可以聽到的話，對於當事人來說，早就「免疫」了，或是被唸到耳朵長繭了！

例如用「天涯何處無芳草」這句話來安慰失戀的人。請問，當事人下次看到路邊的花花草草時，就會回想起這個道理，從此不再為情所困嗎？應該不會吧。

再比如以「舉頭三尺有神明」來警告人們不能做虧心事。試問，有誰會時時刻刻都感受到有一尊神明在頭上盯著自己的一言一行？如果會有這種情況，可能早就壓力大到神經衰弱了。

相對的，對於李白與道一禪師來說，當他們聽見「鐵杵成針」、「磨磚成鏡」的時候，絕對是聞所未聞、新奇有趣的，所以能夠出奇制勝，發揮強大的感召力！

富含情感的：要記住，心靈影像要有效，一定必須激起當事人的情緒。但不是讓人不舒服的諷刺或攻擊。例如針對一個懶惰的人，你覺得用：「你懶得像豬一樣！」這樣的比喻，對當事人會有激勵的效果嗎？

這裡所謂的感情，是要激發出「對於改變有幫助」的情緒，例如好奇、狐疑、興奮、同仇敵愾、熱血沸騰、慚愧等情緒。可以用一個故事來舉例。

從前有個人，喜歡把自己的情緒隨便發洩出來，讓人感到很困擾。他身旁有個智慧人於是這樣問他：「你有沒有看過隨地吐痰、吐檳榔汁的人？」

他回應：「有啊！」

智慧人再問：「你會不會覺得這樣的人很討厭？」

他說：「不只討厭，而且還很噁心，沒公德心！」

智慧人接著問：「那你覺得隨地亂吐『情緒』的人呢？」

他這下尷尬地說：「喔……我知道了。」

事實上，我的經驗中，**最優質的心靈影像就是具備這種特質，我稱之為「荒謬類比」（ridiculous analogy），即先激起當事人強烈的情緒，待其恍然大悟後，又不禁莞爾一笑；一方面覺得啼笑皆非，另一方面又不得不承認它與自己的狀況真是太貼切了！**這是威力最強大的一種心靈影像形式。

故事性的：在蠻荒時代，原始人要能夠生存，朋友當然越多越好；饑荒、野獸或是敵人來臨時，就會有越多人願意保護你、幫助你。因此，蒐集、分析、記憶人際之間的互動經過、愛恨情仇、親疏關係變化等，是人類這種群居動物最擅長的能力之一。

所以說，人類的大腦，天生對於故事性，亦即「八卦性」的事情，會興趣暴增且印象深刻。

而且，心靈影像所用的故事本身是真是假，其實並不是這麼重要，只要能讓當事人產生深刻的共鳴，不論黑貓白貓都是有用的貓！（看到了沒，這是鄧小平知名的心靈影像！）

二、常見的

好的心靈影像（與提醒物），應是日常生活中常常可見的，以發揮「重複聯想，加深印象」之功效。例如前面提到的照後鏡、繡花針、磚塊、鏡子等。

反之，如果用玉山當提醒物，說出「登上玉山，登高望遠、視野遼闊，令人體會到做人要心胸開闊」這種話，雖然很正向，可是聽到的人很快就忘了，因為人不可能每天都爬玉山啊！不過還有一個彌補的方法，就是把玉山的照片貼在常常可見的地方，隨時提醒。

再譬如：「人生要像極光一樣燦爛！」這是很美的文學意境，但是除非你住在北極圈附近，不然極光也是一生見不到幾次的東西，無法發揮反覆提醒、刻劃出嶄新神經迴路之功效。

三、適當的

貼切性

「看那螞蟻、蜜蜂都如此勤勞，人如果偷懶，豈不是不如昆蟲？」這句話乍聽之下似乎頗為合理，但又覺得哪裡怪怪的。

稍加分析，稍微具備生物學常識的人都可以看出其中的謬誤。螞蟻、蜜蜂會持續工作，不是因為牠勤勞或是負責任，而是天生設定的行為模式，這種行為模式在出生之前就已經寫在牠的ＤＮＡ裡面了，與人類的情況大不相同！

這句話犯了邏輯學的「不當類比」之錯誤，也使得這一類的譬喻說服力大打折扣。

其他例子如：「滾石不生苔」、「上天給人兩隻耳朵一個嘴巴，就是要人多聽少說」等也是如此。

所以說，心靈影像本身要與當事人的「關鍵議題」越貼近越好。以下為較符合貼切原則的心靈影像：

- 種瓜得瓜、種豆得豆：比喻種什麼因，就會得什麼果。
- 海納百川，有容乃大：形容可以包容各種人、事、物與順境、逆境的人，因器量宏大，終至近悅遠來，受人景仰。
- 曲突徙薪：提醒早期預防的重要。
- 溫水煮青蛙：來比喻安於現狀，缺乏危機意識，可能導致極大的災難。

● 鍊條的強度，決定於最弱的一環：提醒團隊中除了將注意力放在強棒和明星成員外，更應該關心弱勢的伙伴，並提升其能力。

契合當事人當下的狀況與困擾

例如照後鏡的譬喻，對於有「懊悔過去」習慣的當事人，尤其長期被這樣的習慣所困擾甚至折磨的人，絕對會特別管用！因為當下就能讓當事人產生共鳴，出現心有戚戚焉的感受，發出會心的微笑、甚至有「被撞擊到」的感覺。彷彿身處漆黑、狹窄的洞穴中，突然看到光明那種欣喜與希望！

六祖壇經中所描述：千年暗室、一燈即明，就是這樣的境界。無論你痛苦、顛倒了多久，只要找到合適的指引，即，為你量身訂作、貼切的「心靈影像」，都可以立即目朗心開，得到解脫而輕鬆自在！

相對的，對於沒有這類困擾的當事人，即使再精彩的心靈影像，聽一聽也就成為耳邊風了。用在合適的地方，垃圾可以變資源；用在不恰當的地方，再寶貴的資源也會變成垃圾，這是一件十分可惜的事情。

第四章

從心開始改變

西諺有云：「機會是留給準備好的人」。孔子也說：「不憤不啟、不悱不發！」連孔子這樣的大教育家，對於尚未「準備好」的人，也是無能為力的，更何況是我們？

也就是說，即使有了最優質的心靈影像，也不見得一定可以發揮功效。為什麼呢？如果你的心（或當事人的心）沒有準備好，也就是說，還沒有進入「等待改變」的狀態。此時即使有人苦口婆心，使用別出心裁、為你量身訂做的心靈影像，也可能落個對牛彈琴、白費力氣的下場。

要如何知道對方（或自己）是否已經準備好了？以下分別從經歷、態度、情緒與認知四個角度來評估。

經歷：因材施教是關鍵

一個人能不能從心靈影像當中得到啟發，有時是講究緣分的。例如前總統蔣中正，據說他在溪邊看到小魚逆流而上，深獲感動，體會到「做人要力爭上游」這個道理。

假如是另一個人看到溪中逆流而上的小魚，可能想到：「這些魚怎麼這麼傻啊，一直白費力氣，為什麼不隨波逐流、隨遇而安就好了呢？」還有些人可能會想到更為現實的層面：「哇！鮮美的溪魚，趕快拿網子來抓呀，一定能賣個好價錢！」

仔細探究，與其說是「機緣」，其實是與當事人的「背景與經歷」有密切關係！漁夫看到溪魚逆流而上，當然會想要結網捕魚。一個剛失業、充滿挫折的人，覺得溪魚力爭上游是白費力氣，這也是情有可原。而蔣公若是自小憂國憂民、胸懷大志，自然有可能會將大自然的現象解讀成激勵人心的啟示了。

我在門診時，常利用當事人的背景與經歷，來做為選擇適當心靈影像的依據。以下是兩個例子：

有次碰到一位喜歡投資股票的憂鬱症患者，他的情緒掉落到谷底，生活暗無天日，毫無希望。

我用充滿好奇的表情問他：「你確定現在是最糟的狀況？」

他無力地回答：「這是我這輩子心情最低落的時候……」

我接著問：「你喜歡研究股票，我請教你一個問題：股價來到最低點，是好事還是壞事？」

「如果事前知道一檔股票是在最低點，當然是好事啦！因為接下來只會越來越高，不會越來越低，買到就賺到囉。喔……我知道你的意思了！」當事人眼睛發出許久未見的光芒。

＊＊＊＊

有位老師，久為恐慌症所苦。我分析她的生活模式後發現兩個重要的原因：她喝太多茶和咖啡了，以及她十分缺乏運動。

除了開藥給她，我還規定她兩項家庭作業：暫停使用茶與咖啡，以及每週至少運動三次。

兩星期後我又碰到她，她說恐慌症仍不時發作，藥物似乎沒有效。我問起那兩項家庭作業有沒有做。她不好意思地表示：「我忘記了……」

「教書很辛苦喔，尤其現在的學生越來越不聽話了……」我拋出這個議題。

「沒錯啊，認真的學生越來越少，學生不好帶也是我的一個壓力源！」她答道。

嗯，她這樣回答，我就知道魚兒上鉤了。

「如果有一個學生都不做家庭作業，問他老說忘了，妳怎麼看？」我接著問。

「噢……我會停掉茶與咖啡，也會開始運動了，下次回診時再跟您回報！」

態度：態度決定速度！

如果對方（或者你自己）的心，正處於一個「開放」的狀態，那就好談了。正如同電腦要連上網路，資訊有進有出，才有機會讓內部程式更新及強化。而且，頻寬越高，流量越大，所產生的改變也就會越快、越強大。

很久以前我們上網的方式叫做撥接，光連上線都要滴滴嘟嘟等很久。現在光纖傳播的速度，一部高清電影幾秒鐘就下載完了！朋友們，在科技發達的現在，每個人都懂得追求資訊傳輸的速度；相對的，你的心靈是否也與外界保有高速流暢的溝通？

試試看回答以下幾個問題，看看你的心靈資訊，是用光纖或是撥接上網。

- 你是否已經超過半年沒有學習新事物？
- 你是否老是用同樣的觀點看待周遭的人、事、物？
- 同一個煩惱，是否讓你困擾許久，鑽不出來？
- 你是否一陣子沒有閱讀一本好書了？

● 你是否離開校園後，就不再主動報名參加自己感興趣的課程？

● 你是否缺乏幾位在不同領域專精的前輩，做為隨時可諮詢的導師？

以上六個問題，如果有三項以上的答案是YES……小心！比起你的智慧型手機，你可能已經不那麼聰明，甚至你的心靈可能即將變成一灘死水了！所以，放棄無謂的堅持吧！隨時保持開放的態度，才是心靈健康的不二法門喔！

情緒：無論低落還是亢奮，都是介入的好時機！

也許有人認為，「心靈平靜」代表「準備好」的狀態。的確，古詩有云「若無閒事掛心頭，便是人間好時節」。當心靈平靜時，防衛心下降，觀察力提升，確實是體驗萬事萬物、吸收新知的好時機。

但是，當情緒略高時，身心充滿好奇、喜樂、期待、甚至雀躍。此時感官敏銳、能量充沛，也是迎接改變的最佳狀態。所謂「好奇是改變的使者」，可生動地表達出這樣的境界。

有趣的是，**當一個人處於情緒谷底，焦慮、害怕、躊躇、鬱悶、甚至痛不欲生時，也有可能反而是改變的最佳時機！**為什麼呢？

當你坐在一個沙發上，舒舒服服時，你會想動嗎？但是坐在一個硬梆梆的椅子上，時間久了，腰越來越酸，腿越來越麻，你遲早會起來活動一番。有看過火山爆發嗎？壓抑越久，爆發出來時的力道就會越強烈！中國人的思維中，「否極泰來」、「山窮水盡疑無路、柳暗花明又一村」、「不經一番寒澈骨，焉得梅花撲鼻香」都是類似的意境。

認知：想法決定辦法！

大家一定相信，一個人的「想法」，是決定他容不容易改變的最重要關鍵。關於這一點，研究最透徹的，是美國心理學家波切斯卡（James Prochaska）與底克萊門

（Carlo C. DiClemente）提出的「改變階段模式」。他們針對戒菸者的研究顯示，戒菸者的行為改變會經歷以下幾個階段：懵懂期、沉思期、決定期（又稱準備期）、行動期、維持期以及復發期。處於每一期的當事人，都有其特定的思考模式與需求。在這個理論中，笛卡兒「我思故我在」有了新的註解，即：**我的想法決定我在哪個階段！**

協助者應依據當事人所處之不同階段，選擇合適的治療策略。譬如「提供戒菸貼片、戒菸口嚼錠等多種戒菸藥物的介紹」，對於處於「行動期」的當事人十分有幫助，但對於尚在「懵懂期」的青少年就絲毫無法引發其興趣了。改變階段模式不只適用於戒癮，事實上，有許多研究證明，任何改變，如減重、提升病識感、提升讀書動機等，都可運用此一模式來評估與協助。

因為ＭＩＴ的特長就是「繞過心防」，所以好消息是不論當事人處於任何階段，ＭＩＴ都有著力之處。不過客觀來說，處於「沉思期」，也就是已稍有動機、對於原本固著之信念已鬆動的當事人，最有可能從中得到啟發。

第五章

心靈影像治療法的成效預測與評估

每個人的感受能力不一樣，有些人很容易接受心靈影像，但也有些人不容易被心靈影像所打動，因此也不太可能出現顯著的改變。只要透過以下的小測驗，就可以知道哪些人比較無法接受心靈影像。

每個人對於心靈影像的領悟層次大不同！

這個簡單的測驗如下：用一些常見、通俗的成語，請對方描述其意涵。舉例來說，「一箭雙雕」是什麼意思？

我長年在少年法院從事非行少年的輔導工作，發現部分即使已達國中、甚至高中年紀的青少年，對於成語的理解，仍是停留在文字的表面層次。例如我曾經詢問過他們「一箭雙雕」的意思是什麼，大約有一半的少年可以回答出「做一件事有兩倍的好處」或類似的答案。

但也有部分少年的答案卻是：「一支箭射出去，射到兩隻鳥！」我追問，這個成語的「意涵」是什麼？他的答案仍會堅持：「就是一隻箭射到兩隻雕嘛！」

這在心理學上，叫做具象思考（concrete thinking），相對於抽象思考（abstract thinking）而言，是屬於較不成熟的思考模式。在現今社會，因為電視、電腦、平板、手機等影音工具過於氾濫，孩子每天單向接收大量的資訊，卻缺乏主動思考的訓練，因此沒辦法發展出良好的聯想、想像、創意等能力，成為社會隱憂。習慣於具象思考的孩子，優點是單純、直話直說、心機不深，但容易缺乏創意，缺乏足夠的問題解決能力以及同理心，導致競爭力不佳。又因為思考方式直覺、衝動、慣於「跟著感覺走」，故容易學壞，甚至養成打架、飆車、吸毒、性氾濫、網路成癮等諸多行為問題！

所以在此奉勸家長們少讓孩子們看電視、玩電腦、滑手機與平板；改以文字的圖書或聽覺的廣播、ＣＤ等，讓孩子習慣用想像力建構自己的內在世界，這對刺激大腦發育有強大的功效。盡量保持孩子在匱乏的狀態，也就是玩具不用多、房間保持單調、零用金少、出去玩則東西不用帶齊，刺激孩子發揮創造力讓自己不無聊，更進一步可培養出問題解決的能力與自信。

在另一方面，有時候領悟層次不足，甚至對於心靈影像的錯誤解讀，並不一定永遠都是一件不好的事情；有時歪打正著，反而可以衍生出令人意外的功效！

有一次，一位來自傳統家庭的中年主婦造訪我的門診，陳述每天一起床就為了大事小事而緊張、焦慮，甚至引發胸悶、心悸、全身不舒服等症狀，問我該怎麼辦？想要接受藥物治療，又擔心吃藥會有副作用或是成癮性……

這是典型的「精神官能症」。我想了想，以「游泳及游泳圈」的例子告訴她藥物的角色，以及熟練情緒調適技巧的重要：

精神藥物就像救生圈，當一個人掉進水裡快要溺死了，這時如果指導他游泳的技巧，絕對是緩不濟急。此時，他最需要的，是有人趕緊丟一個救生圈給他，讓他儘快脫離溺水的痛苦與危險。

脫離溺水危機之後，這個人痛定思痛，開始下定決心學習游泳。一開始，因為沒有信心，仍需一個游泳圈輔助。等到學會游泳以後，游泳圈就是累贅了……你有看過奧運選手戴著游泳圈參加比賽嗎？

精神藥物的角色也是如此，在你最痛苦、無助的時候，可以提供最即時的協助。危機解除之後，治本之道就是學會情緒調適的技巧。在學習的過程中，游泳圈（藥物）仍可以提供適當的輔助。等到你的情緒調適技巧熟練了，游泳圈（藥物）就是多餘的了！

不過，常發生的情況是，當事人久而久之，習慣了游泳圈的便利與安全感，變成必須長期依賴游泳圈！持續依賴藥物的情形，大多是這樣來的。還好，多數的精神藥物對身體來說十分安全，也十分容易代謝，長期使用也不會發生大家所擔心的傷肝、傷腎、失智等副作用。

她聽了若有所悟，並未要求開藥，點點頭就默默地回家了。隔了幾週，她又回到門診，愉快地表示，自己的病情大有起色，原因是「聽了我的話，開始每週游泳三次」，結果焦慮症狀大為減輕！

這位主婦可能前一次就診時滿懷心事，所以沒有意會我所呈現的兩個心靈影像（也就是游泳圈和游泳）的意涵；回家後只記得「游泳」這個關鍵字，以為醫師建議她要多游泳，結果竟也因此改善了焦慮、自律神經失調等症狀。

這個例子，為「天公疼憨人」下了最好的註腳；也說明有時「謀事在人、成事在天」，機緣到了自然會以意想不到的方式開花結果，治療者不必強求當事人照著劇本演出。

欲求真領悟、更上一層樓！

在學理及臨床觀察上，我整理出每個人對於心靈影像領悟以及實踐的六種層次，提供各位參考：

層次一：無知無覺。無法體會心靈影像之衍生意涵，更無法與自我經驗做連結；有時甚至一頭霧水，不知道治療者提這個例子做什麼！當然，這並不一定是當事人理解力不佳所造成，也可能是導因於心中煩惱充斥、注意力在別處、防衛心過強，或是治療者本身表達能力的問題，這在稍後有詳細的介紹。

層次二：表層接收。理智上可理解心靈影像之表層意涵，但不覺得跟自己有關，即無法產生心靈悸動的感受。記住，「有感覺」的心靈影像才會有影響力！

層次三：深層接收。接收到心靈影像的深層意涵並觸動心靈深處，通常會伴隨深刻的情緒悸動。即，大腦努力脫離負向的舊迴路，嘗試建構出正向的嶄新迴路！

層次四：反覆應用。心靈影像已打動當事人內心並留下印痕，隨著生活中一再接觸到的「提醒物」，重複引發聯想、反覆加深印象，大腦中的新迴路逐漸成長茁壯。

層次五：打通經脈。身心已產生實質變化，同樣的問題再也無法困擾你，就像你天生就不受這類問題所困擾一樣，產生終生免疫力。只要在幾個重大領域或人生議題中有所突破，當事人就能信心滿滿、活得自在！

層次六：圓融無礙。已熟練此技巧，面對各種問題，都可隨機創造新的心靈影像，妙用無窮；隨時運用自創的心靈影像，疏通心結、營造正面思考，更進一步達到「心想事成」的境界。甚至可以觀機逗教，以適宜的MIT幫助尚在困境中的人們！

了解了對於心靈影像理解與實踐的六個層次後，可以用於檢核自己對於MIT學習的層級與進度；也可以在事前與當事人充分討論，建立當事人對於MIT的學習意願與憧憬。

外顯指標：「準備好了」、「有所觸動」與「恍然大悟」

良好的MIT使用者，不只是善於以生動的方式傳達心靈影像（見下一章），還能隨時觀察當事人的狀態，以適時回饋，並修正自己的做法。以下，分為MIT

通原則。至於如何以最適當的方式呈現心靈影像，請見下一章的分曉。

第六章

心靈影像治療法的呈現方式：「理直氣壯」是無法幫助人的

許多人誤會了「溝通」這件事的重點，以為口若懸河、辯才無礙，就是成功溝通的關鍵。事實上，許多思慮敏捷、口才便給的人，反而常常得罪人，不但無法發揮影響力，甚至容易招惹禍事。例如三國時代曹操的主簿楊修，每每逞口舌之快、鋒芒外露，最終遭到曹操顧忌而處死，就是最好的例子。

也有很多人認為，以理性的頭腦，精明地分析利弊得失給當事人聽，就足以打動人心；這也是很多試圖影響他人者常有的錯誤觀念。例如青少年出現問題行為，不論父母、師長，常會予以「懇談」。懇談的內容，不外乎「說之以理」；但結果常是只看到一方苦口婆心，另一方卻是面無表情、毫不在乎，甚至滿臉不屑。

為什麼「說之以理」常以失敗收場？因為在說理的同時，你其實是在做兩件事，這兩件事都只會令當事人更不舒服；而人在不舒服的情況下，當然不可能言聽計從，反而會有意無意唱起反調。這兩件事是：**妄自批判**與**過早建議**。

你是不是常聽到、甚至自己也習慣使用這樣的對話：「你怎麼老是這麼衝動！」「你老是犯同樣的錯誤！」「你真的很自私」「你從來不為將來著想」「你的那群狐朋狗友沒有一個是好東西」……

聽出來了沒，這些都是充滿成見、「妄自批判」的句子。即使你說的是事實，當事人聽來會舒服嗎？而且這樣的句子，有一種「貼標籤」的功效，尤其是針對年幼的當事人，久而久之會讓他相信自己真的如此。「你都已經這樣認為了，那我還須要努力些什麼？」看！殺傷力多大啊！

學理指出，「你老是……」「你總是……」這樣開頭的句子，是一種「評價特質」、「永久性」的言語，容易為兒童所內化，成為他的個性特質。我們使用這種言語的時候，不可不慎啊！

事實上，如果出現問題行為時，應該使用「評價行為」、「暫時性」的言語，例如：「先出手打人是一種衝動行為。」「你回答這題時有點粗心大意。」

相反的，如果出現好行為時，就是使用「評價特質」、「永久性」言語的好時機，例如：「跌倒都沒有哭，你真是個勇敢的孩子！」「你總是這麼熱心助人！」這些正向的評價，會進入兒童的潛意識，提升其自我認同，成為他終生性格的一部分喔！

而「過早建議」，又會出現什麼樣的副作用呢？

「我跟你說，你就如何如何就好了啊……」「不對不對！你要如何如何做才對啊！」「如果我是你，我早就……」

試想一下，通常什麼樣的人，特別喜歡給別人建議？孟子說：「人之患，在好為人師」；當一個人老是想要給別人建議時，潛意識透露的訊息是：「我比你更厲害！」「聽我的就沒錯！」這樣的訊息，加上高人一等的表情，很容易為當事人所察覺。我想，沒有人喜歡自己被貶低吧！這也是過早、過多的建議，不但不會被採納，還會惹人討厭的原因。

無論是「妄自批判」或「過早建議」，都是打壞關係、讓自己對他人之影響力大減的主因；而「妄自批判」加上「過早建議」，對於關係的破壞更是有十成十的功效！

「你啊，就是愛鑽牛角尖，這種事情不去想不就沒事了嗎？」「你真是執迷不悟耶！當初不就叫你不要跟那個人在一起嗎……」這樣的對話，是不是很耳熟？在八點檔連續劇中還蠻常聽到的，我們也會不經意地使用，但這樣的對話是無法幫助人改變的！**在助人的領域，「理直氣壯」是行不通的，只會導致當事人產生更深的防衛、築起更高的心牆**。

有一句管理學上的名言，叫做「處理事情前要先處理情緒」，雖然心靈影像治療法（ＭＩＴ）的特長，就是在於繞過當事人的阻抗與心防，但是先引導當事人進入適當的情緒，再施展ＭＩＴ，是確保成功的捷徑。

如何找出天時、地利與人和的情境

成熟老練的ＭＩＴ執行者，在當事人面前可以沉得住氣，不擅自批判，也不會輕易給建議。他的第一步，是先細細「觀察」。除了觀察當事人的狀態（即前一章所述當事人是否準備好了），還要觀察當時的情境，是否達到「天時、地利、人和」的標準。

天時

當事人是否正在趕些什麼事情，沒空與你深談？

是否是大家都在忙碌的時間，當事人不好意思停下手邊的工作？

每個人都有生理時鐘，當事人是在早上、下午還是晚上精神最佳、能量最高、腦筋最靈活，適合吸收新知？

地利

要在公開還是私下的場合？有沒有其他人在場？通常一對一的時候，比較適合談對方需要改進的缺點。

而其他人在場時，也有可能讓ＭＩＴ的效果產生微妙的加持。例如有心儀的女性在一旁時，會讓在場的男士更力求表現。

有時在一大群人的場合，用對ＭＩＴ，會有更明顯的感染力，產生「團體極化」的現象，一次就能輕鬆影響一群人，如前述「照後鏡」的例子。

簡單原則是場地要安靜、單純，才不會讓當事人容易分心。若需要一些時間，則適合坐下來談。兩人座椅的位置，若關係深、交情好可以面對面；關係淺或是非自願的當事人，則適合併排坐或是坐九十度的直角位置。

人和

當事人的身心狀況是否ＯＫ？他的身體語言是否透露身心方面的不適？例如疲憊、感冒、頭痛、飢餓、甚至只是急著想如廁？

你的身分是否適合談這些內容？你和他的關係如何？通常輩分低、關係淺則ＭＩＴ之呈現須委婉；輩分高、關係深則ＭＩＴ之呈現可平鋪直述。

如果情境方面天時、地利、人和的條件都沒有，還可不可以使用ＭＩＴ？

當然可以！前面提到的鐵杵成針、磨磚成鏡等例子，其情境，都是自己所營造出來的，效果反而更為顯著且戲劇化！

實施MIT的第一步：節奏要掌握得若即若離

考量完情境後，你決定開始施行MIT。凡事起頭難，第一步該如何跨出？整體的節奏又該如何拿捏呢？

神經語言學中，有所謂「陪行與領導」（pacing and leading），可生動地讓人快速掌握這種若即若離的感覺。

要如何才能馴服一匹野馬？硬拉硬扯只會有反效果，不但馬兒會更防衛、更恐懼、甚至更憤怒，馴馬者也容易受傷；更別說激烈鬥爭下，雙方的關係只會越來越緊繃與對立。

有經驗的馴馬者，第一步會牽著韁繩，保持韁繩在放鬆的狀態，小跑步跟在馬匹的身旁。牠要往東就跟牠往東、牠要往西就跟牠往西、牠停就跟著停、牠走就一起走。這叫做陪行（pacing），主要是為了建立馬匹的安全感與信任感。

等到牠習慣有一個人跟在身旁，基本的親切感與信任度也有了，接下來，就可以用馬匹無法察覺的進度，緩緩加速，慢慢來到牠的前方，帶領（leading）牠邁向你所規畫的方向。

當然馬兒也不是省油的燈，一會兒也會查覺出你的意圖，不再願意傻傻地跟著你，又想走自己的方向了。這時，你又得回到陪行階段，跟在馬兒身後，重新培養互信。等到氣氛與關係OK了，再默默超越馬匹，在前方加以領導。整個會談過程，就是陪行、領導、領導、陪行……有時他帶著你，有時你帶著他，一直不停交錯，譜出一場美妙的雙人舞蹈。

所以說，在與當事人尚未建立關係之前，不需要急著施展MIT；可以讓當事人多說說、一吐為快，甚至暫時附和當事人的觀點。對於當事人不錯的論點及過去的努力也要誠心讚美，以打好關係，為後續的「大工程」鋪路。

實施的第二步：技巧地引入關鍵性的心靈影像

時機成熟後，接下來，就是重頭戲了……要如何有技巧地引入關鍵的心靈影像？以下介紹幾種使用ＭＩＴ時可運用的技巧。

隱忍不宣：想要以ＭＩＴ來助人的第一步，倒不是一得知當事人的困擾就見獵心喜，急著施用相對的心靈影像。在當事人倒光心中的水（或是說倒完心裡的垃圾），完全進入一個「空瓶子」的狀態前，記得你自己要先沉住氣；否則你說你的，他想他的，你處心積慮、苦心孤詣營造的心靈影像，成為自己的獨腳戲。

以退為進：等來等去，如果當事人遲遲無法進入一個「準備好」的狀態，該怎麼辦？是否就要舉白旗投降了嗎？沒錯，與其硬攻硬上，破壞治療同盟，造成反效果（如同上述馴服野馬的例子），不如就大方地宣布投降，反而常可引發「以退為進」的強大功效！

例如，針對一直滔滔不絕陳述自己有多悲、有多慘的憂鬱症患者，我不會急著給予治療，反而會說：「看來，我沒法幫到你了……」

當事人震驚道：「為什麼！？」

我說：「因為你太習慣於這些負面情緒了，早也憂鬱、午也憂鬱、晚也憂鬱，彷彿憂鬱是水，你就是魚，你有看過魚離開水還能生存的嗎？」

當事人開始低頭沉思……

我繼續說道：「心理治療通常有兩個目的，一個是『改變』，另一個就是『自我接納』。你也提到之前那麼多專家都沒有辦法讓你改善，我也沒有比他們高明多少，所以也沒有辦法幫助你改變了。既然無法讓你改變，就只能退而求其次，讓你接納自己，接受現實囉……」

這時，通常當事人會急著說道：「誰喜歡憂鬱啊！我當然想要好起來啊！」

我：「你真的想有所不同嗎？」

當事人：「當然！」

我：「你確定？」

當事人：「確定！好啦、好啦！快教我該怎麼做……」

你看，「以退為進」不是讓頑強的當事人也進入「空瓶子」的狀態了嗎！

故弄玄虛：察覺當事人已經進入一個「準備好」的狀態後，就可以開始鋪陳你為他精心調製的心靈影像。一般來說，我會以「你曾經聽過……」「你曾經看過……」「有一個情境你可以想像一下……」為開頭，讓當事人準備好享受大餐。有時，為了吸引當事人的好奇心，或是針對防禦心較強的當事人，我會故意使用一種無厘頭的「說反話」方式做開場，可以快速切入問題核心，有摧枯拉朽的神奇功效！

例如，有一位竹科的中階主管來看診，述說主要的壓力來自於單位中有幾個屬下能力與工作態度均不佳，讓他這個小主管有很大的壓力。

我說道：「那你該好好感謝那幾位同仁呢……」

他大為驚訝，問到：「我為什麼要感謝那些擺爛的人？」好奇心出現，瓶子倒空了。

我答道：「因為如果每個人都像王永慶、郭台銘一樣能力強又拚命，你的壓力會更大！因為我們動不動就會被他們比下去，老是眼睜睜看著別人升遷，甚至只能回家吃自己了！就是因為社會充斥著不認真的人，我們才容易出人頭地啊！」他點頭稱是，大為釋懷。

道具輔助：適當使用道具，可吸引當事人的注意力，達到事半功倍的效果。尤其針對兒童、青少年，或是比較缺乏想像力的當事人，最為有效。缺乏想像力似乎是當代網路深度使用者的共通問題，而一個處在嚴重憂鬱或焦慮中的人，也有可能會思路阻塞，無法吸收、消化你所要傳達的意涵，更遑論從中頓悟。

道具的範圍很廣，可能是自己準備的，也可能是善用現場的物件、遠方的景物，甚至使用照片、海報，也頗為方便。

唱作俱佳：一般所說的「會談」、「晤談」，很容易讓人以為只要「好好談」，就能夠達成目標。**但我的心得是，與其說是「談」，不如說「演」的成分更大了許多。**

大家可以仔細觀察，不論是開會、演講、政見發表、電視購物、傳教佈道等公眾演說領域，其佼佼者，即能夠創造最大影響力的人，常是最會「演」的那幾個！聲音、語調、表情、肢體動作缺一不可，甚至唱歌、表演、模仿都要來一手。

近年來，隨著兒童繪本興起，說故事成為一個可以有效促進兒童學習的方式；

說故事老師、說故事媽媽的培訓，也著重肢體活潑、情感豐富、戲劇化的表達方式。

我平常在觀賞電影、戲曲、相聲、甚至廣告、購物頻道時，會仔細揣摩他們能讓人目不轉睛、歡笑感動、甚至心動而馬上行動的技巧之所在。在團體治療時使用到「薛西佛斯與大石頭」、「農夫的復仇」、「瓶中巨人」等譬喻故事時（這些故事詳見本書稍後），我也會選擇唱作俱佳的呈現方式。現場的反應越投入、越熱烈，就代表這一則心靈影像已經充分發揮影響力。記住，**道理要活生生才會有效！**

佛家有所謂「善巧方便」，可為ＭＩＴ的呈現方式做出最合適的註解。在這裡，「善」代表治療者動機良善，出發點為助人；「巧」則表示靈活運用各種有效的技巧；「方便」則顯示ＭＩＴ之應用需因人而異、因地制宜，選擇最合適的方式以達成任務。

最後，須記得，**治療者本身的特質，勝過一切技巧**。每個心理治療大師，都希望學習者不要盲目模仿他的治療手法，而是要善用自己與生俱來的天賦。

「天生我材必有用」、「戲法人人會變，各有巧妙不同」，不論你先天的特質如何，都可以建立一套屬於自己的治療模式；或溫柔、或體貼、或幽默、或威嚴，只要努力磨練自己的技巧，並從當事人的回饋中不斷改進，人人都有機會成為助人界的大師喔！

第二篇　心靈影像在生命中各個重大領域的實際應用

接下來，就讓我們看看心靈影像治療法ＭＩＴ，在生命中各個重大領域的實際應用。

以下這些寶貴的範例，是筆者長年實踐ＭＩＴ的心血結晶。在門診、住院病房、個人心理治療、團體治療、講習、演講、工作坊等各種有機會與當事人互動的場合中，將ＭＩＴ反覆運用及驗證，去蕪存菁，篩選出當事人感受頗深，且確實可以快速引發改變者，一次大公開，全然無私呈現！

以下，我們將從心理的基礎，也就是「自我認同與三大核心信念」開始，一路談到情緒、壓力調適、以及各類負向思考的對治，最後談到滋養心靈的秘密捷徑。期望讀者可以從中得到快速且長久的獲益，**讓改變成為一種享受！**

第七章
為什麼你需要一個偶像

自我認同

自我認同（self-identity），或稱做「自我認知」、「自我形象」，指的是個人對於自我的態度與信念，通常會有持續性與一致性，即每天早上醒來，你知道自己還是原來的那個「我」；自己的人生觀、原則、信念、習慣等，大體上是恆定的。雖然經歷不同環境、角色或是情緒，你知道自己還是同一個人，對自己的評價也變化不大。

一個人的自我認同，是決定他「為什麼是現在這個樣子」、以及他「會成為怎

樣的人」之最大關鍵。不論一個人受到外界如何影響，在自我認同的潛移默化下，他終將成為潛意識中設定的樣子。而這個樣子如果在現實世界中行得通，又會回過頭來更進一步深化其固有的自我認同。

自我認同，會決定一個人喜歡什麼、討厭什麼、願意做什麼、不願意做什麼、追求什麼、逃避什麼。

所以說，企業家有企業家的自我認同、慈善家有慈善家的自我認同、老師有老師的自我認同、藝人有藝人的自我認同、運動員有運動員的自我認同；同樣的，小偷、毒販、黑道份子、貪官汙吏、奸商也有其牢不可破的自我認同。

一個人可以同時有數種不同的自我認同，例如古語所謂「忠臣出自孝子之門」，其中「忠臣」與「孝子」就是儒家認為常會結合在一起的自我認同。

如果幾種不同的自我認同方向一致，則這個人大體上是和諧的；若差異太大，則自我認同危機、雙面人、甚至多重人格就會應運而生。

有些人心情好就什麼都好，心情不好就什麼都不好；看自己的角度也是變來變去，有時自我感覺過分良好，有時卻又自卑不堪；每天想做的事情也都不一樣，有時雄心萬丈，有時萬念俱灰。當別人問到：「你是怎樣的一個人？」時，他的回答會隨著當時的心情每次都不一樣……這是典型的「自我認同模糊」，在情緒疾患或性格異常的人身上常可見到。

由以上的說明，你一定可理解自我認同對於每個人來說有多重要。那，自我認同是從何而來的呢？

自我認同的由來

自我認同，是從幼年、童年到青少年時期，經由與外界無數的互動體驗中，一點一滴建構而成。

在生命早年，我們觀察週遭的重要他人，如父母、兄姊、師長、同儕等，有意無意地模仿他們的言行，並將其對於事物的感受、價值觀、思考模式與行為習慣等內化成為自己的一部分。

兒童青少年時期，隨著生活資源越發多元，我們內化的對象也更加豐富，包含童話故事、歷史人物、電影主角、明星偶像、社會知名人士等。

到成年早期，自我認同逐漸沉澱、定型；往後，除非經歷潛移默化（慢的）、重大事件（快的）或是深刻的自我省思，否則多數人的自我認同不會有太大的變化。

自我認同，雖然可以幫助一個人成功扮演他的角色，**但當自我認同與現實世界格格不入時，也可能成為各種心理困擾的來源。所以說，改變一個人的自我認同，是心理治療的重要關鍵**。

自我認同雖然是一種抽象的東西，但以「道理要活生生才會有效」的角度來看，自我認同勢必也是以某種「影像」的方式來吸收、成型、儲存及發揮影響力。可以說，自我認同是生命早期最重要的心靈影像，這個心靈影像，也會成為決定人生方向的最大關鍵。

接下來，我就以我自己的例子，讓讀者了解一個人的自我認同如何影響生命的樣貌。

人會成為潛意識想要的樣子

從小到大，我也曾經歷「哥哥爸爸真偉大」的人生階段。出身於書香世家，腦海中印象最深刻的就是父親不論是坐在書桌前、沙發上，或是睡前躺臥床上，總是手不釋卷的畫面。這個心靈影像，也成為我的自我認同中，「讀書人」的那一部分。之後隨著見識漸增，我也開始在外在世界中，追尋更偉大、更完美的仿效對象。

青少年時期，迷戀歷史故事、章回小說和金庸的武俠世界，心目中的偶像歷經關公、岳飛、秦瓊、林沖、孫悟空、悉達多、郭靖、喬峰到令狐沖，我醒悟到世間沒有真正的完人，但由眾多不斷變換的偶像中，其交集的特質卻能逐漸整合及內化……

從中我深深相信，世間最浪漫的一件事，就是「苦修多年，習得一身本事後，下山行俠仗義」。簡言之，這就是一個「大俠」的形象與認同。這樣的概念，內化成為深刻的潛意識，大大影響了我的人生。從以下的討論，可以說明「大俠」的形象如何塑造出我目前的生命樣貌。

「大俠」是一個什麼樣的形象？

第一，大俠一定要有本事，而且不斷在修練，期望有更高的修為。最好是有驚人的本事之外，還能鴨子划水深藏不露：

無論什麼東西，只要是有興趣或是日後用得到的，我都會認真學習、默默實踐，累積實力，期望成為那個領域的佼佼者。永遠不滿足於現狀，完成一個目標後，我就會放眼更高的格局，或是大膽嘗試全新的不同領域。

第二，大俠總是有奇遇；不是得到世外高人的指點或灌入幾甲子的功力，就是無意間習得蓋世神功，不然就是有機緣服下什麼千年靈芝、大還金丹等：

回首我目前的人生，確實是有好幾件可以影響一生的奇遇。高中時期接觸氣功，大學時期學習禪坐，從中領悟身心平衡的技巧，冥冥之中似乎也註定未來會以幫助人調適身心的精神科為職志。

另外，大學時在一本圖書館的舊書中學會超級記憶術，從此讀書考試功力倍增。除此之外，人生也不時遇到貴人提攜，職涯順遂，步履輕快。

第三，有了本事，身心也達成平衡後，大俠還缺什麼？其實大俠什麼都不缺，所以可以將注意力放在主持正義、濟弱扶傾，也就是回饋社會的工作上。

一有機會，我就會熱心參與公益活動。例如民國九十四年主動募集物資，協助在艾利風災中受災的山區部落，成為當年度全國好人好事代表，獲總統召見。民國九十五年在新竹成立「新竹市精神健康協會」，多年來為弱勢精障者及家屬爭取資源，出錢出力不遺餘力。

相反的，社會上那些詐欺、奸商、貪贓枉法、爭權奪利等唯利是圖、不勞而獲者，是我所最不齒的。

第四，大俠要有瀟灑出眾的形象。

感謝父母，讓我遺傳到高䠷的身材和端正的外貌；但我也確實努力以運動及節制飲食維持健康的體態，這樣的習慣也成為根深蒂固的堅持。

從以上四點，你是否能看出來一個人心目中的偶像與自我認同，對於人生的影響力了呢？

讓偶像來改變你的人生吧

我曾經試著去詢問週遭的親友及工作上的當事人，「你生命中曾經有過哪些偶像？」或是「你覺得自己最像誰？最想成為誰？不論是過去、現在，或是虛構的人物都算。」得到的答案，通常都可以精確地反映他目前的個性、價值觀、習性與人生遭遇。

例如我的太太，她覺得自己的潛意識是一個「古靈精怪的刁鑽公主或格格」；現實之中，她也確實也是氣質出眾、聰明伶俐、自詡不凡。

有一次跟一位來看門診的五十多歲大姊聊天，談到：「您心目中的女性典型是怎樣的？」她回答應該是像日劇中的「阿信」吧！用自己的愛去包容一切，凡事盡心盡力，但求無愧於心……現實生活中，她確實也是一位刻苦耐勞的女性，包容丈夫賭博、酗酒、外遇以及孩子的叛逆，一肩承擔起維繫家庭命脈的重責大任……

也許有人會問，偶像就是偶像，跟ＭＩＴ有什麼關係？

請大家試著想像「大俠」這個概念。有的人會說，大俠本領高強；有人會說，大俠是正義的化身；有人說，大俠瀟灑自在……

這樣的解釋沒錯，但是，大家試著更嚴謹地體驗一下，當一提到「大俠」這兩個字的瞬間，在你的腦海中第一個跑出來的是什麼？

沒錯，多數人腦海中第一個跳出來的，就是一個堂堂大俠的「影像」。在華人世界長大的人，這個影像十之八九是鄭少秋飾演的楚留香，或是李連杰飾演的黃飛鴻，或是馬榮成漫畫中的聶風、步驚雲，不然就是金庸筆下的郭靖、令狐沖、張無忌、胡斐等俠客在讀者心中的樣貌。近年來，隨者好來塢電影的興盛，大俠多了些科技、科幻的成分，現在的兒童或是青少年心目中的大俠，可能是鋼鐵人、雷神索爾或是蜘蛛人等電影中的酷炫角色。

不論如何，你的偶像在你心目中一定是「活生生」的，有影像、有動作、有聲音、有個性，這就是一個標準的心靈影像。

想要藉由改變自我認同來改變人生嗎？試著找一個合適的偶像，並讓他以心靈影像的方式，逐步融入你的潛意識吧！

沒有具體的偶像，就會帶來模糊的自我認同

有些人會說，我的偶像是王永慶，怎麼我沒有像他一樣有錢？其實，只要進一步深談，你會發現，他只是羨慕這些名人的成就，卻沒有深刻了解其成功背後的努力與付出。

知名企業家，如比爾蓋茲、賈伯斯、李嘉誠、王永慶、郭台銘等，都曾經有一個很普通、甚至比我們還不足的起點；這個從無到有的過程，他是如何辦到的，堅持什麼樣的信念、秉持什麼樣的態度、懷抱什麼樣的夢想、培養什麼樣的專長、付出什麼樣的努力……這些都是我們該深深了解、細細品嘗的，才能讓他們成為活生生的心靈影像，進入我們的潛意識，發揮無遠弗屆的影響力量！

缺乏明確的偶像，會產生模糊的自我認同，導致隨波逐流的人生！如果你的心目中目前還沒有一個合適的偶像，不妨參考一下下面的例子。

每天都有機會打照面的偶像

拿起手邊的百元鈔票，紅通通的是不是很喜氣？當你看到它的時候，有什麼特別的感覺呢？

百元鈔票上面的人像是誰呢？許多人知道他是國父孫中山先生，僅此而已。可是，他是怎樣的一個人呢？

由國父的生平事蹟，我們可以略窺一二……

國父十八歲立志救國（想想現在十八歲高中剛畢業的年輕人在意的是什麼……）

二十一歲開始鼓吹革命，二十五歲就已經被清廷視為「四大寇」。二十七歲時以第一名畢業於香港西醫書院（救國之餘也不忘用功讀書喔！）。

二十九歲創立興中會（年紀輕輕，你敢成立一個武裝叛變組織嗎？）。

三十歲到四十七歲，這十七年中推動革命，屢戰屢敗（失敗了十次，其中的艱辛，你能想像嗎？）

革命失敗一次，代表什麼意思？革命需要錢買武器、糧草，失敗一次，代表募集而來的大筆資金付諸流水！

國父革命多年，以身作則，不但搞到自己身無分文，屢屢需人接濟；在檀香山經營畜牧業，原本富裕的兄長，也被他弄到傾家蕩產。更大的壓力是，許多的款項是向愛國人士及海外華僑募得；革命一次又一次失敗，成功遙遙無期，國父肩頭的壓力可想而知。到革命後期，國父不得不發行「革命股券」，以近乎老鼠會的精神，繼續籌款為革命奮鬥。廣州起義失敗後，一度被視為詐騙分子人人喊打。這些挫折，都沒有辦法消磨國父救國的決心。

現代人，多有因一次破產就走上絕路的；國父成功前的挫折，其慘烈程度更勝於破產，而且還重複了十次……這種不屈不撓的精神令人由衷敬佩。

除了驚人的毅力外，國父更擅長的是強大的感召力！革命需要人去打仗，而且大多是危機重重、九死一生。靠一個偉大的理念，讓人掏出積蓄並不困難，但是讓人去做視死如歸的事，這就不簡單了！

試想，國內有很多知名的宗教與慈善組織，可以在每次重大災難時募集到大筆經費及大批志工；但是如果事先告知這次是要做一件死亡率高達百分之九十以上的任務，你想還會有志願者出現嗎？

這些有志救國的青年儘管熱血，背後還有家人要照顧。國父可以說服這些年輕人上戰場犧牲性命，這是一種了不起的本事。但，十次失敗，代表每一次都有不少人命壯烈犧牲；國父反覆遭受同志、好友、子弟慘死的打擊，同時還要面對家屬的責難，這需要多大的壓力承受能力！

這麼執著於成功的人，通常都是野心家。但是國父一生淡泊名利，大功告成後禮讓袁世凱做大總統，逝世時幾乎身無長物，這是讓現代的政治人物最汗顏的地方！

從以上的敘述，可以整理出國父的人格特質：

- 從小即眼界不凡，目標遠大；而且絕不止於空談，一有機會馬上行動。
- 以驚人的毅力執行目標，屢敗屢戰、越挫越勇，直到成功絕不放棄。
- 有充分的時間管理能力，在有限的人生中，可以同時間救國、讀書、寫作（而且文筆極好）、演講、遊說、募款、組織動員……隨時都知道自己在做什麼，決不虛度光陰。

● 社交能力強，上至王親國戚，下至販夫走卒，都可以交到朋友。滿清政府惹到八國聯軍打北京，國父卻是在列強之中處處交朋友，語文能力、溝通技巧與外交手腕皆堪稱一絕。

● 強大的行銷能力，除了有本事「募錢」，更有本事「募命」！說服人願意付出金錢不稀奇，打動人願意付出最寶貴的生命才是厲害；堪為所有有志成為超級業務者之表率。

本段落的心靈影像

心靈影像與提醒物	意涵
百元紙鈔上的國父像	遠大的抱負、驚人的行動力、越挫越勇的毅力、把握時間每分每秒決不虛度、無遠弗屆的感召力、情緒轉換能力、廉潔自守的堅持等。
矯正牙齒	每天改變一點點，時間拉長成功到手！

- 快速調適壓力與情緒的能力，即使身處逆境、遭人誤解，也不以為忤，繼續向目標邁進。
- 即使功成名就、萬民擁戴、位高權重，也不會被名利沖昏頭。隨時都知道自己要的是什麼，以及什麼重要、什麼不重要。潔身自愛、超然物外。

國父所擁有的任何一項特質，如果是你所需要的，不妨將它內化進你的內心，成為自己性格的一部分。

國父的形象，就是一個最好的「提醒物」；更方便的是，他就在我們每天都有機會使用到的百元鈔票上。每次看到百元鈔票上的國父半身像，就可以提醒自己：反覆增強你所效法的特質，直到與你合而為一，讓自己由內而外展現不同！

所有的人都知道，**改變人（或是改變自己）是最困難的一件事情。但大腦是最有可塑性的器官，透過提醒物的反覆提醒，就像矯正牙齒一樣，即使每天只改變千分之一，時間久了效果也會十分顯著！**將治療延伸出治療室，進入每天的日常生活

第八章
心靈健全的現代人必備的三大核心信念

心理學派百家爭鳴，目的不外乎找出方法促進人們的身心健康，但所遵循的核心信念卻各不相同。以下，我就以心靈影像治療法（ＭＩＴ）的觀點，整理足以促進身心平衡、心靈富足的三大基本信念；這是每個現代人都應具備的基本馬步功夫，也是更進一步解決人生困境、達成生命圓融的堅強基礎。

信念一：好壞由「我」決定！

我的心情，難道不是受到每天發生的事情來決定的嗎？外界的人、事、物，難道對我沒有影響力嗎？決定我幸福快樂還是悲傷痛苦的關鍵，難道不是健康、成就、財富、愛情……這些外在因素嗎？

事實是，**好壞是由我來決定，不是由事情來決定**！如果能徹底理解、接納及時時刻刻去實踐這個信念，將會帶來心靈的大躍進，等於已經完成一半以上的心靈升級工作！

再說一次：事情的好壞不是由事情決定，而是由「自己」決定！

以下舉幾個例子來說明：

一大早要上班、上學，或是終於等到假日要出遊，可是往窗外一看，發現是下雨天，我想大多數的人都會直覺地咒罵：「真是一個可惡的壞天氣！」

但是，換一個角度想想：天氣本身有「好壞」之分嗎？

對於種植稻米的農夫來說，天氣的好壞是怎麼定義的呢？

顧名思義，「水稻」就是指在種植後，需要引水入田，讓秧苗泡在水中。對於一期稻作來說，農夫於每年二月插秧前後，都會眼巴巴望著天；這時的雨水，真是「春雨貴如油」。二期稻作，農夫仰賴梅雨季節甚至颱風引進大量雨水灌溉；若日日是好天，不但稻秧生長不易，甚致會導致血本無歸！

對於乾旱已久的動植物來說，下雨可說是「天降甘霖」，簡直就是上天的救命恩賜！對於地球本身，晴天、雨天、甚至風雪天，都是自然運作的一部分，沒有什麼好壞之分。為了水龍頭永遠都有便宜、乾淨的自來水，為了工業、農業都有源源不絕的水源，為了清澈見底的小溪，為了大自然的生生不息，你還會覺得「下雨天」是「壞」天氣嗎？

＊＊＊＊

同樣是對於水的感受：深遂的湖泊，看在一個不諳水性的人眼裡，可能會興起莫名的恐懼。同一個人，在學會游泳之後，看到深水卻不再害怕。更熟練、甚至熱愛游泳以後，可能會生起「泳渡日月潭」的豪情壯志。當完成此一壯舉後，每當看到深邃的湖泊，所興起的卻是一股自信與成就感。同一個人、對於同一個湖泊影像，可以產生截然不同的感受！

＊＊＊＊

如果林志玲、金城武，或是任何一位你仰慕已久的偶像主動握你的手，你會有什麼感受？可能會讓你心中小鹿亂撞、興奮狂喜，尖叫、甚至激動落淚，再也不想洗手了……

相反的，如果是一個髒兮兮的乞丐、遊民握你的手，你又有什麼感受？可能難免會嫌惡甚至恐懼，趕緊縮回雙手，甚至巴不得趕快洗手。

就手的觸覺來說，偶像的手與乞丐的手有多大的差別？感覺訊息傳入大腦後，經過大腦的添油加醋，賦予出天堂地獄般截然不同的感受。相對的，同樣一個髒兮兮的乞丐，如果是握的是證嚴法師、或是德蕾莎修女的手，她們也會產生與一般人一樣的嫌惡感嗎？應該反而是一種憐惜、悲天憫人的感受油然而生吧！

＊＊＊＊

開車的時候，被人突然敲車窗，一定會覺得驚嚇甚至憤怒！但筆者有一次剛坐進計程車時，突然有人敲車窗，我觀察到司機的反應卻是眉頭一揚、嘴角一笑，轉頭搖下車窗問：「老闆坐車嗎？要去哪裡？」（鄉下人情味濃厚，共乘計程車省錢是常有的事）。

＊＊＊＊

同樣一句「你好煩喔！」，可能是要趕走一個讓你不舒服的人；但如果是在情侶之間，「你好煩喔……」反而是增進情感的打情罵俏！「豬頭！智障！」可能是一種言語霸凌，也可能是死黨之間的親暱稱呼。同樣是頭部的移動，上下擺動是一種肯定，左右搖動卻是明確的否定；比起大拇指叫做「讚」，比起中指卻是侮辱……

這樣的例子實在太多了。你是否察覺到，萬事萬物難道不是因為經過「人」的解讀與定義，才有了好壞之分嗎？

外在的事物，甚至身體本身的變化，都是經由眼睛、耳朵、鼻子、舌頭等感官以及觸覺、本體覺（感受壓力、方位及加速之特殊知覺）、痛覺、平衡等受器接收，再將訊號傳輸至腦部，由腦部之各區域加以解讀並賦予意義。由此可知，決定事情好壞的，並不是事情本身，而是我們「自己」！

記得小時候，全家剛搬入一個眷村樣的學校宿舍，家家戶戶都沒有廁所，需要到一個潮濕、陰森、充滿異味的公共廁所去如廁。對於一個幼童來說，心中的恐懼可想而知。不久之後，父母在庭院加蓋了有坐式抽水馬桶及浴缸的新廁所，第一次可以舒舒服服、安安心心地在家中上廁所、泡澡，那種幸福洋溢的感覺畢生難忘。場景換到現在，有人會為了可以在家中上廁所而感到開心、滿足、甚至感恩嗎？

* * * *

極度貧困的人，晚上可能有稻草與紙箱為伴就是一張舒適的床，粗茶淡飯也覺得香噴噴；一旦有錢之後，可能睡獨立筒名床加上蠶絲被都還是覺得渾身不對勁，滿漢全席也食不下嚥。每天辛勞工作的人，會覺得一整天什麼事都不做是一種放鬆；失業在家的人，卻覺得無事可做是一種空虛與痛苦。沒有夏天的炎熱，如何凸顯大口吃冰的舒暢？沒有冬天的酷寒，如何享受泡湯的樂趣？

＊＊＊＊

即使是小嬰兒，也知道疼痛、過冷、過熱是痛苦、不好的事情；但是真的是如此嗎？腳底按摩，試過的人都知道，可能會痛得半死，喜歡的人卻覺得是最舒服的一件事情。酷熱令人難過，但在spa的烤箱與蒸氣室中，卻可以看到舒服、享受的表情。寒冷讓人跳腳，但有人卻以冬泳、甚至冰泳為樂！

＊＊＊＊

世界上有一種最痛苦的事情，當事人卻是最快樂的；也有一種最舒服的事情，當事人卻是最無奈的。前者指的是生產，後者指的是吸毒！

＊＊＊＊

父母的嘮叨，同一件事說了又說、唸了又唸，對於青少年來說，是一件極為惱人的事。同樣的話語，在父母過世之後，卻成為最深沉的思念，想要再聽到一次也沒有機會了……

如何定義富裕與貧窮？如何定義快樂與痛苦？如何定義健康與殘缺？如何定義智慧與愚痴？如何定義創造與破壞？更重要的是，如何定義好與壞？

在這個段落裡，我使用了大量的心靈影像與提醒物，包含下雨、農夫、稻米、湖泊、偶像、乞丐、吃冰、泡湯、烤箱與蒸氣室、冬泳、生產、吸毒等。我的用意是想幫助各位讀者有充足的工具，時時提醒這個最基礎、最重要的信念：**決定事情好壞的，不是事情本身，而是「自己」！也就是說，「我」決定一切！**

既然是「我」決定一切，就不會再有「誰誰

本段落心靈影像

心靈影像與提醒物	意涵
下雨天、農夫、稻米、湖泊、偶像、乞丐、吃冰、泡湯、烤箱與蒸氣室、冬泳、生產、吸毒等	事情的好壞不是由事情決定，而是由「自己」決定！

誰讓我心情不好……」「某某事讓我不快樂……」這樣的抱怨，也可以不需要再花費時間與精力去怨天尤人或是自怨自憐。**衍生而來的，是一個「負責任」的概念；一切操之在我，就代表我必須為一切負責**。這對大多數的人來說，是一個好消息，也是一個壞消息；因為我再也不該、也不能把責任歸咎給別人、命運、或是大環境了。

信念二：永遠都有選擇的自由！

知道自己擁有決定一切的主導權之後，緊接著的問題，就是如何「執行」這個主導權！很多人聽到「執行」，就覺得是必須「做些」什麼，部分沒自信、過去挫折經驗過多的人，腦海中的OS會隨即廣播：「我真的做得到嗎？」「你說的輕鬆，如果事情有這麼容易就好了。」「你又不是我，你怎麼知道我的無奈？」

其實，第一步要做的，是每個人都可以做得到的事情，也是所有改變的第一步。

這個第一步，就是「選擇」！

讓我用一個故事，來說明什麼是「選擇」，以及「選擇」為什麼是健全心靈的重要基礎……

薛西佛斯是希臘神話中一個小國的國王，也是一位知名的大力士。

有一天，薛西佛斯因為多管閒事，介入了宙斯和河神之間的糾紛（原來是宙斯好色，搶走河神的女兒，而薛西佛斯向河神通風報信這件事），於是被宙斯抓去，面臨最嚴厲的懲罰。

宙斯將薛西弗斯帶到一個小山的山腳下、一塊圓形巨石旁，告訴他刑罰如下：「我說老薛啊！你的處罰很簡單，聽說你是一個大力士，我只要你將這塊大石頭，從山腳推到山頂放好，你的處罰就結束了。」

薛西弗斯聞言大喜，心想得罪這個陰晴不定的老頭，本來以為大禍臨頭，可能會像偷火種到人間的普羅米修斯一樣，受到老鷹啄肝般的變態刑罰；結果，只是推石頭這樣的小事一樁，對我來說真是太容易了！

第二天，薛西佛斯起了一個大早，精神飽滿地來到山腳下，開始推動這個比自己的身軀還龐大的圓形巨石。雖然他是個大力士，也必須咬緊牙根、使盡吃奶的力氣，才能將石頭一吋一吋地往上推。終於，忙和了一天，滿身臭汗加上精疲力竭，在黃昏前，終於將大石頭推到山頂！

薛西佛斯看著自己的成就，得意洋洋，心想這下宙斯應該沒話說了吧！結果，一個不小心，手肘蹭到石頭，大石頭晃了一晃，便一溜煙地滾回山腳。

薛西佛斯大驚失色，心想自己怎麼這麼不小心！沒關係，明天再推一次，最後記得放好就得了。

第二天，又起了個大早，依樣畫葫蘆，使盡九牛二虎之力，費了一整天的功夫，終於又將石頭推到山頂。

這次薛西佛斯學乖了，確定將大石頭安頓好後，才小心翼翼地放手。沒想到，剛往後退一步，大石頭又一溜煙地滾下山去！

薛西佛斯不信邪，第三天、第四天、第五天……每天奮力將大石頭推到山頂，卻發現不論如何，石頭總是會滾回原處！

終於，薛時佛斯察覺到，這是世界上最殘酷的刑罰！日復一日，年復一年，每天懷抱希望，每天又以失望做終！心想這宙斯也太心狠手辣了，自己只不過是見義勇為、主持公道，卻遭到如此無窮無盡的折磨！

薛西佛斯每天唉聲嘆氣、愁容滿面地推著大石頭上山，再心痛地看著它滾回山腳。隔天，同樣的事情再從頭來一次，永無休止……

各位讀者，這像不像你我的人生？做學生時，每天重複著上學、放學、上補習班、趕作業……一覺醒來，回到原點重來一次！出社會以後，每天重複著上班、加班、下班……一覺醒來，回到原點再重頭來一次！週一盼著週末、年頭盼著年尾，休假結束後，回到原點再重來一次！如果你相信輪迴，同樣的生老病死，你經歷過幾次了呢？

難道人生真的只能這麼悲觀嗎？薛西佛斯的痛苦真的永無休止嗎？

其實，這個故事是有下文的，待我道來……

薛西佛斯每天推著大石頭，不知經過了多少歲月，他的心早已絕望……

這一天，一如往常，薛西佛斯推著大石頭來到半山腰，感到萬念俱灰、疲憊不堪，不得不倚著大石頭稍做休息。

這時，他突然發現一件因為自己長期深陷於憂愁之中，久未察覺的事情：原來是，身邊的景物不同了！時節已來到春天，四處鳥語花香、風光明媚，涼風習習吹來……若能暫時放下心中的煩悶，感受倒是蠻舒暢的！

薛西佛斯若有所悟，心想：「既然每天都得推動這顆石頭，與其痛苦不堪地做，我何不試著開開心心地來做看看？」

主意一定，薛西佛斯的精神為之一振；他調整心情，吹著口哨，哼著小曲，一路把石頭往上推。薛西佛斯發現，在輕鬆的心情下，原本沉重的大石頭，竟然也變得比較輕盈，好推多了！

當石頭推到山頂時，他心想，過去因為石頭終究會滾回山腳，我就認定一天的努力是白忙一場，因此自怨自憐。事實上，沒有人規定只能這樣看待事物啊！如果「將石頭從山腳推到山頂」是我每天一定得執行的任務，我完成了一天的任務，應該感到成就、光榮啊！

從此，薛西佛斯每天帶著喜悅的笑容，展開一天的推石頭工作；黃昏時，再以滿足的心情，目送石頭滾回原點。他發現「即使宙斯有再大的神力，也不能影響我要『選擇』用什麼樣的態度來看待事物！」

日子久了，他甚至產生一種微妙的情感，覺得自己愛上了這顆帶給自己重要啟示、讓自己展開新生命的大石頭！每當他完成一天的使命將石頭安放在山頂時，他甚至覺得自己比宙斯還要偉大！「因為我已經盡到了自己的責任！而天神也不見得做得到這一點！」

在天庭的宙斯，有一天心血來潮，想看看經歷這麼多的歲月，薛西佛斯到底被折磨成什麼慘狀了？結果，令他大吃一驚的是，他看到的竟是一個容光煥發，充滿自信、能量、滿足與喜悅的開悟者！他若有所思，揮揮手掌施展神力，終止了薛西佛斯的懲罰……①

薛西佛斯改寫命運、戰勝天神的關鍵是什麼？很簡單，就是「選擇」二字！**即使是身在痛苦之中，仍有選擇的自由；你可以選擇用不同的態度、不同的心境、不同的認知與解讀、不同的情緒，甚或不同的行為與技巧去面對痛苦，甚至可以選擇「愛上」這件苦差事！**

如果無法逃避，不妨重新選擇要如何面對你的苦難

藉由薛西佛斯的故事，相信大家對於「每個人都有『選擇』的自由」這件事，有了初步的體悟。

但是，有人會說，畢竟這只是神話；而且，因為薛西佛斯是個大力士，而且又有聰明的頭腦，當然可以領悟出困境的突圍之道。如果我有能力、有資源、有時間、有金錢……自然就會有能力做選擇。如果我一無所有，還有什麼好選擇的呢？

那麼，我們就以人類歷史中，最慘無人道的情境裡所發生的真實故事，來驗證是否每個人永遠都有選擇的自由：

維克多•法蘭克（Viktor Emil Frankl），是「意義療法」的創始人，名列二十世紀最偉大的心理學家之一。但是，關於法蘭克，最為人所熟知的，卻是他那不平凡的人生境遇。

法蘭克是出生在奧地利首都維也納的猶太人，二次大戰期間，全家遭受納粹迫害，父親、母親、哥哥、嫂嫂都陸續死於病痛或集中營。他與新婚妻子也同時被送入納粹集中營，彼此從此失去音訊。最傷痛的是，他的妻子緹莉撐過了集中營的磨難，卻在德國投降、集中營解散後不久，死於疾病與飢餓，屍體未曾尋獲。而兩人愛的結晶，早在進入集中營之前，即因納粹禁令不得不墮胎，無緣出世……

法蘭克本身待過三個集中營，其中包括最惡名昭彰的奧茲維茲死亡集中營。在集中營中他被剝奪一切，包含他最珍貴、未曾發表的學術論文手稿。即使是生而為人的基本尊嚴，在集中營中也蕩然無存，除了必須忍受飢餓、寒冷、病痛、艱苦勞役、言語侮辱、以及不時出現的掌摑、鞭打、腳踢與槍托敲擊；最大的恐懼來自於不知何時會被送進毒氣室，化為焚化爐中的一撮灰燼！

過去的心理學家認為，在極大的壓力之下，人們的選擇變少，最後只得屈服於求生本能，人與人之間的行為差異將逐漸消失；但法蘭克在集中營中的經驗卻恰恰相反。他發現，在這樣慘無人道的人間煉獄中，更能凸顯每個人特質之不同。有的人變得汲汲營營，眼中只有自己的生存與利益；有的人卻在必要時刻，願意將一天唯一的小片麵包送給更需要的人。有人為了享有特權，成為壓迫同胞的納粹幫兇；有人卻願意冒著生命危險，半夜穿越營舍只是為了替新進的鄉親加油打氣！

即是到了不得不進入毒氣室的最終時刻，你也可以看到人是有所選擇的：有的人選擇昂首闊步，念著猶太經文坦然前行；有的人是哭著喊著，萬般無奈地被拖進毒氣室；更有人早在尚未被宣判之前，就已經自行放棄求生意志，成為床榻上的槁木死灰……

戰爭加上集中營的磨難，讓維克多•法蘭克的「意義治療法」得到印證及更進一步的淬煉。他認為，「無論處在任何境地，人都有選擇的自由！」而每個人之所以會有不同的選擇，來自於對於「意義」的追尋！

在「每個人都會死」的前提下，生命本無意義；之所以會有意義，則來自於「自己」所賦與！所以每個人都有責任對於發生在生命中的人、事、物甚至生命本身賦與意義。因為有強大的「意義」做後盾，「選擇」變成精神力量的終極展現！

在集中營中，他曾經不只一次看見、夢見「他熬過戰爭之後，回到校園，以集中營中的經歷，向台下的殷殷學子講述意義療法」之畫面。身負提振全人類心靈的重責大任，他知道他不能死在集中營裡！

而這個畫面，幾年後真正出現在他的眼前！

其實，這不是西方心理學或哲學大師的創見，中華文化中也早有相似的論述；儒家歌頌忠臣義士，「疾風知勁草」、「時窮節乃見」，訴說的是同一種心境與情操！

推石頭的薛西佛斯與熬過集中營的維克多•法蘭克，這兩個故事，是不是讓你有深刻的體悟？而且這些體悟是不是很實用呢？它可以消除哪些煩惱？可以為自己帶來哪些幫助？這是各位的功課喔！

上天賜給我的最大禮物！」

這個回答真是令人跌破眼鏡，因為對多數人來說，如果人生像他一樣受到疾病如此折磨，一定會怨恨、詛咒這個疾病，甚至怨天尤人，憤恨老天的不公平！

艾瑞克森為什麼會把小兒麻痺視為上天賜給自己的最大禮物？他是藉由逃避現實來自我安慰嗎？

仔細分析起來，對於艾瑞克森來說，小兒麻痺會成為最大禮物，至少有三個原因：

- 艾瑞克森曾說，在小兒麻痺初發時，他全身無力，多數時間只能躺在床上。為了打發時間，他開始學習觀察人，培養出敏銳的觀察力。例如，他發現姊妹們同樣在說「YES」這個字時，背後竟蘊含了十幾種不同的意義！
- 為了自我復健，艾瑞克森嘗試各種自我催眠的方法，幫助自己喚醒被摧殘殆盡的運動神經。以上兩點，即敏銳的觀察力及熟練的自我催眠技巧，為艾瑞克森日後得以發展出劃時代的醫學催眠技術之重大基礎。

●不可諱言的，殘障者的形象，絕對有利於艾瑞克森的職業。艾瑞克森初到醫院工作時，一位指導醫師曾說：「艾瑞克森啊，你知道做這一行你有著令人羨慕的先天優勢嗎？你是一個瘸子（說話還真直接），女性遇到你，先天的母愛會油然而生；男性遇到你，會覺得沒有威脅性，所以你很容易與病人打好關係……」

其實，更重要的是，他不屈服於殘疾、用生命所寫下的故事，就是激勵人心的最好治療工具！早年台灣有作者寫下了《汪洋中的一條船》一書，近幾年例如《五體不滿足》乙武洋匡、澳洲佈道家力克．胡哲等，都是這樣的生命鬥士典範。

從上面三點來看，難道說小兒麻痺不是上天賜給艾瑞克森最好的禮物嗎？換個角度來看，如果沒有小兒麻痺，會塑造出貢獻卓著、深受景仰的艾瑞克森嗎？有太多的機會，艾瑞克森也可以向病痛低頭，成為一個整天咒罵小兒麻痺，也終身受小兒麻痺所苦的受害者……如果他看待疾病的角度，跟一般人一樣！

艾瑞克森的本事，在於**總是能夠找出事物的正面意義，並善加利用**。他看待自己的小兒麻痺是如此，看待其他事物也是如此；助人生涯中更是觀機逗教，指導每位案主發現這個寶貴的道理！

憂鬱、減薪，難道也是好事？

多數人會相信，好事就是好事、壞事就是壞事，只有好事才有正面的意義，壞事只會帶來痛苦與不幸，巴不得所有的壞事都不要發生在我身上！大多數人不會相信，「凡事」都隱藏了正面的意義等待發掘！舉例來說，我們可以想想這個問題：挫折下產生憂鬱，這是好事還是壞事？

動物在繁殖季節，公獸之間為了爭奪母獸，常常上演大打出手的戲碼。鬥敗的公獸，因體內荷爾蒙的變化，會進入一種畏縮、孤僻、失去活力的狀態，類似人類的「憂鬱症」。

外表看起來這是失敗者的不幸，但動物學家發現，對於群體來說，這卻是一種重要的保護機轉！試想，如果多數公獸都是百折不撓、越挫越勇，那彼此之間的爭鬥永無休止，遲早會導致物種滅亡的下場！所以說，憂鬱也有其正面的意義！

歷史中也不乏這樣的例子。

三國時期，劉氏宗親中有三位都是因輕易投降而聞名的，包含投降曹操的劉琮、投降劉備的劉彰，以及投降魏國的劉禪。三人在歷史中的評價都不佳，其中劉禪更留下「扶不起的阿斗」之千古笑名。

有些史學家卻抱持不同的看法，認為三國時期天災人禍不斷，饑荒遍野戰亂頻仍，不到五十年間，百姓減損八成以上；遼闊的中原大地，人口一度不及千萬！在這樣動盪不安、民生淒苦的年代，忍辱負重、委曲求全，減少人命與物資的損耗，不失為一種仁民愛物的表現！

成吉思汗及其帝國鐵蹄橫掃歐亞大陸，燒殺擄掠，據統計直接間接共殺害了約四千萬人！這……這……這……這種事，也有正面的意義存在其中嗎？

科學家研究發現，人口巨幅減少，讓都市與農田大量回歸綠地與森林，有效延緩了工業化與全球暖化的腳步近百年；若非如此，生活在現今世界的我們，將早已嘗盡氣候劇變的苦果！

再舉個例子：打敗仗是好事還是壞事？大幅減薪是好事還是壞事？應該沒有人會相信這些是好事吧？

其實，這兩件事都與我的生命歷程有關……

如果當初國民政府沒有在國共會戰中慘敗，失去整個中國大陸、一路撤退……我的父母就不會先後來到台灣，並在多年之後在台北相遇；這樣，也就不會有我的誕生了……

＊＊＊＊

如果不是兩岸關係趨緩，國軍推動一連串精實案、精進案，縮編軍醫體制，讓當時身為軍醫的我薪水一夕之間劇減三分之二，我就不會毅然退伍來到他鄉另謀出路，也就不會遇到擔任職能治療師的妻子、譜出辦公室戀情，更不會有現在幸福美滿的家庭……

滿腹怨恨、對什麼事情都不滿的人，最大的原因，通常是因為他不愛自己。為什麼不愛自己？就是因為他看不到隱藏在人、事、物中的正面意義！其實，**萬事萬物都隱藏了正面的祝福在其中，端看你有沒有智慧去參悟及善加利用！萬事萬物都隱藏了正面的意義在其中，正因如此，萬事萬物都值得感恩與包容！**

關於這個信念，一般人最大的障礙，除了不「相信」凡事都隱藏了正面的意義外，就是不容易「找出」隱藏在人、事、物中的正面意義。

找出隱藏的正面意義

我曾經參加一個心靈工作坊，在其中做過一個印象頗為深刻的練習。

講師先讓學員兩兩一組，輪流向對方分享一個主題：「我生命中最痛苦的一件事！」

我分享的是，自己初入職場時，因上司違背承諾，使我遭受重大打擊……

伙伴分享的則是，因為幼年時父親入獄、母親離家，從小由慈祥的祖母將自己拉拔長大。結果在自己終於步入社會，可以孝養祖母時，祖母卻一病不起，撒手人寰……說著說著，他淚流滿面，因為一個月前祖母才剛過世……

大家都分享完之後，講師宣布：「接下來，請將同一件事情，說成是你生命中『最有價值的一件事』，並向你的伙伴分享！」

所有人一聽都傻眼了，最痛苦的事，怎麼可能同時又是最有價值的一件事情呢？我思索了很久，終於想通了！如果不是長官的食言，我就會順利地留在原單位，整天做著沒有多大興趣的研究工作；那樣，就沒機會來到鄉下，獻身自己最喜歡的基層精神醫療事業了！這樣說起來，原本「自以為」被背叛的痛，其實是上天所賜予的珍貴禮物！如果我早些看透這一切，就不需要動不動為此瞋恨、難過了！

換到伙伴分享了，他仍是一頭霧水，的確，心愛的祖母辭世，怎麼想都不可能成為生命中「最有價值」的一件事情啊？！我也幫他一起想了很久，最後，我們絞盡腦汁，終於找到一些方向：心愛的人過世，雖然是一件悲痛的事，卻能讓我們深刻體悟世事的無常！我們以為理所當然的一切，總有一天都會一一離我們而去；包括我們自己，也終有一天會離開這個世界。正因如此，我們要把握有限的時光，實現夢想；同時珍惜所有的因緣，關愛所有我們所愛及愛我們的人！

我常常做這樣的練習，針對自己所討厭的人、事、物，反覆翻找隱藏其中的正面意義。

被同學排擠有什麼正面的意義？身邊一堆偷懶的同事有什麼正面的意義？失業有什麼正面的意義？景氣不佳有什麼正面的意義？惱人的頭痛、背痛有什麼正面的意義？擾人清夢的蚊子有什麼正面的意義……

夜闌人靜時，大家也可以做做看這個練習，尤其針對生命中最痛苦的事件、最創傷的回憶，試著發揮創意，以全然不同的觀點，找出隱藏在其中的正面意義吧！相信我，在找到答案的那一瞬間，你會有解脫、釋放、醍醐灌頂般的「開悟」感受！

更棒的是，隨著年齡、歷練與智慧漸增，每隔若干時日，當你回頭去針對同一個負面事件尋找正面意義時，你將得到截然不同的領悟，每次都會有「更上一層樓」的驚喜喔！

者。

我也曾使用同樣的概念，成功幫助一位門診患者。

孝順的他，在父親中風病倒，且兄姊們都置之不理時挺身而出，主動辭去工作，返鄉悉心照顧父親。在照顧多年之後，父親仍因年邁逐漸體衰，大病小病不斷。這時，不知從哪兒傳出父親藏有大筆遺產的消息，兄姊們竟然強行將父親接去照顧……果然，不久後父親即過世了！這件事情，成為他一輩子的痛，不但對於沒有辦法服侍父親到終老充滿罪惡感，更對兄姊的蠻橫滿懷怨恨！這是他長期憂鬱的最大根源……

聽完了他的故事，我請他放鬆身心，以不一樣的心境，思考一個問題：「如果這件事情，是上帝最慈悲的安排，請問祂的用意為何？」

他是一位虔誠的基督徒，所以無法反駁我的命

本段落心靈影像

心靈影像與提醒物	意涵
小兒麻痺、肢體傷殘者、野獸打鬥、阿斗、成吉思汗、喪禮	凡事都隱藏了正面的意義，端看你有沒有智慧去發現與善用！甚至過去的痛苦記憶中，也隱藏了正面的意義等待發掘！

題；亦即無法說：「上天本來就是要用這件事情來折磨我！」

反之，他只能努力地思索：在上帝仁慈、睿智的安排中，所隱藏的用意究竟是什麼？

我給了他很多時間，突然，看到他的眼睛放出光芒，顯然找到了答案！他說：「我知道了！上帝知道兄姊的為人，也知道我是一個很容易自責的人，所以安排父親在生命不得不走到盡頭時，由兄姊們接去照顧。若是在我手中將父親照顧到過世，不但兄姊絕對會藉機對我大加責難，我自己也會因為此事而自責一輩子！那我的憂鬱，可能是現在的幾十倍、幾百倍也不只……」

誰說世間有純然負向的事情呢？

發掘事物的正面意義＋正確選擇＝巨大的力量

我小時候讀過一個故事：

有一位年輕的農夫，在忙完一整天的農務後，拖著疲憊的身軀漫步回家。途中，他發現自己的雙手沾滿泥土，無意識間，便把手上的髒污抹在身旁的粉牆上，留下好幾個難看的黑手印。

這面粉牆裡，住的是村裡有錢有勢的員外，員外最近才把粉牆漆得雪白。此時員外剛好帶著家丁路過，目睹農夫弄髒了剛漆好的粉牆，不禁火冒三丈！先是大聲斥責了農夫一翻，之後還指使家丁把農夫痛揍了一頓，自己也賞了農夫一個巴掌！

農夫也是個有骨氣的人，受到如此大的屈辱，自然憤恨難平。回到家後，他躺在床上越想越氣，計畫如何復仇。最初，農夫想到的是拿把刀，找機會直接把員外給殺了！但是一番觀察之後，發現員外身邊家丁眾多，很難接近。就算能逞一時匹夫之勇殺掉員外，之後如何脫身又是一個大問題。

想來想去，農夫終於得到結論：要能夠順利報仇雪恨，只有一個方法，就是先拜師學藝，習得一身高強的武藝後，到時要除掉員外，就如同探囊取物一般！

說做便做，農夫連夜啟程，離鄉背井，四處探訪名師。終於在遠方的深山中，覓得世外高人，拜入門下。由於復仇的慾望熾盛，認真習武勤奮不懈，幾年之中，便有了很大的修為。

終於，師父告訴他，學得差不多，可以出師了。農夫志得意滿，拜謝了師恩之後，下山直奔故里，心想終於可以一報當年掌摑之仇。

途中，農夫發現，四處戰爭頻仍；原來在山中修練的這些歲月，國家出了不少動亂。官府急於平亂，四處招募壯丁從軍。農夫心想，這麼多年過去了，報仇也不急於一時，自己一身本事，不如先投靠軍旅保家衛國。

農夫從軍後，參與了不少戰役。憑藉著自己高強的武藝，立下不少戰功，甚受朝廷器重。幾年之間平步青雲，官職步步高升。終於，戰事平定了，論功行賞，農夫成了威風凜凜的大將軍。

功成名就後的第一件事，就是返回故里；第一站，來到員外家門前。

員外老早就聽僕人通報，有一位威武的大將軍，率領大批兵丁來到門前，不知所為何事？員外又驚又恐、恭恭敬敬地出門拜迎。

將軍道：「員外，你且抬起頭來，看看我是誰！」

員外小心翼翼地舉起頭，看了老半天，卻不知眼前的這位大將軍是誰？「恕小人有眼不識泰山，實不知官人名諱。」

將軍道：「你可記得，十五年前你曾經掌摑一位汙損你家粉牆的年輕人嗎？」

員外仔細一看，不禁魂飛魄散！他認出眼前的大將軍，就是當年被自己羞辱的年輕人！員外趴在地上，渾身發抖，心想此命休矣……

大家猜，這位復仇心切的將軍，接下來會怎麼做？

結果，出乎眾人意料地，將軍下馬，親手扶起員外，命人捧出一盤金銀，致贈員外。員外死裡逃生，又受此厚禮，不禁既驚又喜。

將軍，也就是當年受辱的年輕農夫，緩緩道來：「若不是你當年那一巴掌，我也不會有今日的成就！如此說來，你是我生命中的貴人，我是誠心誠意來感謝你的！」

這個故事有兩層意義，首先，是關於「凡事都隱藏了正面的意義等待發掘」。年輕農夫受辱的遭遇，任誰看來都是一件不幸的事；但屈辱的痛苦，卻隱藏了生命的禮物在其中！

遍地烽火，絕對是一件悲慘的事；但隱藏在戰火之中的機會，卻等待著有心人來發掘！

報仇是一件大快人心的事情，但誰能想得到，「不報仇」，卻能換來更大的人生成就？！

話說回來，即使能看到事物的正面意義，也要搭配第二個要素，才能畢竟其功；否則，只能算是阿Q最擅長的「精神勝利法」。

第二個要素，就是本章提到的三大核心要素中的「選擇」。發現「正面意義」之後，緊接著就要做出「正確選擇」，才能確實在人生中開創出不平凡的價值！

如同維克多・法蘭克所說的，「無論處在任何境地，人都有選擇的自由！」

農夫的第一個選擇，是在他受到員外的屈辱後，要不要報復？第二個選擇，是要不要立即報復？第三個選擇，是在他學成下山後，要不要直接去復仇？第四個選擇，是在功成名就、回歸故里後，選擇還要不要報仇？

每一個「關鍵時刻」，農夫都做出了正確的「關鍵選擇」，這個故事，才有了出人意表的結局，也才能成為流傳千古的佳話！

其實，他有太多的機會，可以如同大多數的人一樣，意氣用事，由情緒領導腦袋，作出偏執、衝動的決定；但這樣也就會親手敗掉潛藏在挑戰、挫折、威脅、甚至誘惑之中的福分！

也許你當時不知道這件事情隱藏了正面的意義，但是仍然可以作出正確的選擇；也正因為你當下做出了正確的選擇，事後再回顧時，你會發現這個原本負向的事件，有了正面的意義！而且，更棒的是，這個正面意義是你親手所創造出來的，更具不同凡響的價值！

以健全的「自我認同」打造好心靈的基礎，又有「好壞由我決定」、「永遠都有選擇的自由」以及「凡事都隱藏了正面的意義」三大核心信念做為堅強支柱後，基本上，已經完成基本的心靈升級工作了。但世事難料，隨著時間推移，人心難免為外境所轉移而偏離初衷，衍生出一些大大小小的心靈惡習；此時，就要靠「提醒物」的反覆提醒與增強，將基礎打造得更加堅實穩固！

有了基礎與支柱，房子還沒蓋成，因為還缺牆壁、門窗、樓梯、隔間、天花板等結構設施才能遮風避雨，也需各式家具、家電用品與美化飾品來幫助提升生活品質。這相當於在人生的路途中，面對各種壓力與困境，需要有見招拆招的本事！

本段落心靈影像

心靈影像與提醒物	意涵
農夫、髒汙的牆壁、巴掌、武藝、將軍	結合「發掘事物的正面意義」與「正確選擇」，可以化險為夷、撥雲見日、甚至改命造運，開創屬於自己的人生大道！

即，除了維持基本的身心健康之外，更要有創造幸福、實現夢想的本領！要達成人生的完滿，需要更多的心靈影像技巧輔助，讓我們十八般武藝樣樣俱全，才能在人生旅途中化險為夷、過關斬將，登上生命的頂峰！

接下來的章節，我從臨床經驗中，針對人生從小到老各種不同領域的大小困境與議題，一一整理出ＭＩＴ的對治之道，可說是最實用的心靈大補湯！敬請享用！

---

①熟讀希臘神話的讀者，可能會發現這則神話與原始的版本有些出入。確實，因為我常面對青少年講述這個故事，所以參雜了一些其他神話的情節，並將它改寫得更為精彩有趣一些。就論述的方式來說，也比卡謬存在主義的版本更為正向光明。

第九章

心靈影像在情緒上的實際應用

我為什麼會有這麼多討厭的負面情緒？

很多人最困擾的一件事情，就是自己為什麼會有這麼多負面情緒！但是你知道，人為什麼會有這些情緒呢？

不論你相信人是由演化而來，還是由造物主所創造，都不難理解大自然或是造物主，都不會製造無用的東西……當然，包含人類如此豐富的情緒！

想像一下，一萬年前的史前世界，一個原始人在黑暗的夜晚，獨自走在森林裡。

突然，一隻龐大的老虎從灌木叢中竄出，這時，原始人的身心會發生什麼變化？

如果他是一個神經大條的原始人，看到老虎也不會大驚小怪，那麼他很可能早就被老虎吃掉了。

反之，「神經大條」是現代人很羨慕的一種特質，彷彿「神經大條」就代表不會大驚小怪、不會為了小事而抓狂、傻人有傻福、吃好睡好……

所以，經過千錘百鍊，各種情境下上天所設定的不同身心反應，都是最有利於**人類之「生存」的！**

回到前面的例子，如果是一個正常的原始人，他的反應應該是在查覺到黑影出現的一瞬間，就會不假思索地「一驚」，同時心跳加速、呼吸急促、肌肉緊繃、寒毛直豎，準備「打」或「跑」。在察覺危機的瞬間，就立即讓全身動員起來，準備因應強大的體力消耗，這是一種爭取時效的保護機轉，也是最原始的一種情緒模式：壓力與恐懼。

你可以體會到我們身體的用心良苦吧！**所有的情緒，其出發點都是良善的，都是為了確保人類的生存！**只是，現今世界的運作方式與原始時代已大不相同，我們來不及學會用嶄新的方式運作情緒，導致情緒相關困擾層出不窮。

課程一開始，老師就宣布下課前會有一個隨堂考試，這個考試很重要，分數會納入學期總成績！

小明是台下的一員，得知這個重大訊息後，頓時焦慮不安、心跳加速、呼吸急促、手心冒汗、肌肉緊繃、甚至身體微微顫抖……

小明遇到隨堂考試的身心反應，就跟一萬年前遇到老虎的老祖宗完全一樣！全身的壓力荷爾蒙瞬間大量分泌，壓力反應也全員啟動，準備因應一個強大的體力消耗……但，這時的小明，不能起身逃出校園，更不能衝上前毆打老師，只能乖乖在座位上聽課、K書、準備考試。

壓力荷爾蒙作祟，讓小明緊張不安，思緒混亂，無法專心準備考試，成績自然不甚理想。挫敗的小明，放學後拖著疲憊的身心，回到家中。體內未消耗掉的、英雄無用武之地的壓力荷爾蒙，仍不願放過他，讓他胸悶、心悸、坐立難安。到了晚上，壓力荷爾蒙仍在小明體內橫衝直撞，使得他頭暈腦脹、胡思亂想、徹夜難眠……

相信每個人都曾經歷過類次的夢魘，只是壓力源有所不同，可能是工作上的重要專案或任務、可能是突然發現伴侶外遇、甚或是家人突發的重大傷病……這些壓力所引發的身心反應是如此折磨人，讓人無法承受。但，該責怪原本立意良善的身心保護機轉嗎？

聰明的讀者，經由上面兩個例子，應該也很容易可以推敲出調適壓力的一個重要方法……

沒錯，那就是「運動」，而且是強度要夠強的有氧類運動，例如跑步、快走、游泳、騎單車等。這類運動可以將體內多餘的壓力荷爾蒙逐步消耗掉，讓我們即使每天壓力滿滿，也能將身心快速回歸到平衡狀態！這也是許多壓力最大的企業家、明星、政治

本段落心靈影像

心靈影像與提醒物	意涵
原始人、老虎、心驚膽跳、考試	感恩與接納各種情緒，因為情緒的出發點是良善的，幫助我們的世代祖先在艱困的環境中求生存！

人物等，都擁有每天運動習慣的主因。如果他們在百忙之中，都還有時間、精力進行運動養身，我們千萬不要再用任何藉口，阻止自己消化每天累積的壓力荷爾蒙了！親身實踐，你會發現一切都物超所值喔！

所以說，下次情緒又因為一點小事莫名地出現時，千萬不要懊惱，要抱持感恩的心，感謝我們的身心如此設計，充分發揮在嚴苛的環境中求生存的功效。

既然情緒的功能是要幫助我們求生存，所以不論是好是壞、正向負向，我們先要對這些情緒致上崇高的敬意。如果第一時間就可以泰然接受各種情緒的出現，至少在心態上，就可以減少一半以上情緒所帶來的困擾喔！

情緒，每個人都有收放自如的能力！

走在路上，一個陌生人撞到你卻沒有道歉，你會不會火冒三丈？回過頭一看，「是一位盲人」，那把火又瞬間消散得無影無蹤……

＊＊＊＊

曾經看過一段網路影片：一輛小客車無預警衝入一個修車廠！修車廠的員工直覺認定是仇家尋仇，紛紛手抄傢伙、橫眉豎目地逼近小客車……

其中一位工人身先士卒，左手拿鐵棍，右手大力拉開駕駛座的車門……結果一位又瘦又小、滿臉驚恐的老奶奶，邁著發抖的雙腿爬出駕駛座，一邊說著：「我明明是要踩煞車啊！怎麼會踩成油門？！」

最精彩的是在場所有修車工人的表情，從原本的「驚嚇、憤怒、甚至已經準備開扁」……在看到老奶奶的那一剎那，瞬間變成又好氣、又好笑！

這樣快速的情緒轉變，雖然是由外境所引發，但外界的訊息進入眼睛、耳朵後，到頭來還是由「自己的大腦」決定情緒的收放。

所以說，**每個人都要相信，自己有將情緒「收放自如」的能力！擁有這種能力，可以大幅縮短人生中受到情緒所困擾的時間，也能讓人隨時保持心靈的平靜。**

但是，至少有三種原因，讓多數人彷彿喪失了這種與生俱來的能力！

第一，我們不相信自己擁有這種能力！對於自己有幫助的事情，卻壓根不願意相信，這是人們不快樂、也不易改變的主因之一。

第二，即使知道自己擁有這種能力，情境來了也不想主動使用！這是最多人會發生的情況，心裡的ＯＳ常是：「他就是一個渾蛋啊！憑什麼是要我忍氣吞聲？」「失戀難道不是最痛苦的一件事情嗎？怎麼可能說不難過就不難過？」「一想到飛機飛在這麼高的地方，一旦發生狀況想逃都沒處逃，怎麼可能不緊張呢？」

第三，知道自己擁有這種能力，也願意適時使用，只是尚未熟練！

很多人會覺得，把情緒收回來，會不會太辛苦了呀？而且這樣憋著，會不會「內傷」呢？情緒越積越多，有一天爆發出來不是更可怕嗎？

其實，有實際練習過的人都會發現，每次當你適時收回自己的情緒，你的感受將會是「我的脾氣更好了！」「我的修養更上一層樓了！」，有人會因為自己的

EQ更好了而內傷嗎？有人會因為自信心更上一層樓而不舒服嗎？

重點是，在大多數的情況下，讓情緒收發自如，對自己、對對方、對事情本身，都是有好處的！何樂而不為呢？

常騎車、開車的人，最有機會練習此一能力。下次當你碰到魯莽的駕駛人，用喇叭叭你、大燈閃你、故意超你的車的時候，試著把瞬間爆發而出的憤怒釋放掉看看。一次、兩次、三次、五次、幾十次、上百次之後，你可以觀察一下，除了對自己的修養、品格越來越有信心外，會不會出現其他的「副作用」呢？

好好鍛鍊自己將情緒「收放自如」的本領吧！

在接下來的段落，將以更多的心靈影像，讓各位更容易將「情緒收發自如」這項技能上手！

本段落心靈影像

心靈影像與提醒物	意涵
盲人、汽車暴衝、被叭、閃大燈	每個人都有情緒收放自如的本領，只是自己不相信、不願使用或是尚未熟練！

情緒是自己的，要由自己保管好！

走在路上，如果有一個人莫名其妙地伸手跟你要皮夾，你會不會傻傻地給他？絕對不會，因為，皮夾是「自己的」，怎麼可以隨便交給別人呢？

同樣地，我們的情緒是誰的？當然也是「自己的」，所以該不該隨便交給別人？當然不應該！但是，我們卻常犯這樣的錯誤，動不動就將情緒交給別人決定！

我的門診每天都有這類的當事人，抱怨先生、太太、公婆、兄弟姊妹、小孩、同事、上司……「都是某某人害我心情不好！」這樣辛苦過日子，每天把自己的心情交給別人決定，就跟每天把自己的錢包交給別人，眼睜睜看別人一張一張花掉自己的血汗錢一樣，不是滿荒謬的嗎？

所以說，情緒是自己的！記得像保管自己的錢包一樣，把它保護好喔！如果，我們保管自己的情緒就像保管自己的錢包一樣認真，相信世界上會少掉很多不快樂的人！

如果你覺得這個道理很不錯，更棒的還在後面！讓我們來複習一下ＭＩＴ的原理……

只要每次看到錢包或皮夾這個常見的「提醒物」，就會複習到「自己的情緒不能隨便交給別人」這個道理。反覆溫習數百次、數千次，直到它成為你根深蒂固的習慣。

總有一天，你會突然發現，你真的再也不會隨便將情緒交給別人決定了！家庭、學校、職場，走到哪裡，再也沒有讓你不開心的人，這是一件多麼美妙的事情啊！

這就是ＭＩＴ的真實功效喔！

快速轉換情緒的技巧：由外而內

本段落心靈影像

心靈影像與提醒物	意涵
錢包、皮夾、鈔票	情緒是「我的」，就跟皮夾與鈔票是「我的」一樣，當然不能隨便交給你囉！

說了這麼多，到底怎麼做才能快速收回情緒，甚至在各種情緒間自由轉換呢？簡單的訣竅叫作「由外而內」！下個段落就來為各位深入說明。

請問，一位身揹鉅額負債、還要照顧三個年幼女兒的單親媽媽，她翻身的機會有多大？

這是發生在南台灣的真實故事，主角是曾鳳玉女士。她成長於龍蛇雜處的賭場家庭，本身只有小學五年級的學歷。婚後發現遇人不淑，丈夫、婆婆沉迷大家樂賭博，家中債台高築。她尋思帶著女兒離開這樣不健全的環境，厚顏的丈夫竟要求她代背自己的鉅額賭債才願意簽字離婚……

之後，她做出一個大膽的決定！她向地下錢莊借了一百萬，開始創業之路，做自己最擅長的擔仔麵。十多年間，她不但拉拔三個孩子長大、還清前夫欠下的七百多萬元債務，還開了四家分店。因為知道單親媽媽的辛苦，她所雇用的近百名員工之中，不少也是家境困難的單親媽媽。她的擔仔麵，曾受邀進入總統府，成為國宴主菜；也進駐故宮餐飲中心，成為國內外觀光客指定的佳餚。

也許大家最好奇的，是她如何從人生的最低點，一路披荊斬棘，獲致令人欽羨的成功？這位沒受過多少教育的單親媽媽，她成功的祕訣到底是什麼？我們如果複製她的祕訣，是否也可以像她一樣成功呢？

在記者的專訪節目中，我看出曾女士讓人生否極泰來的最重要本領……

節目中，曾鳳玉女士對記者說，創業初期，身上的債務仍多，常是前一分鐘接到債主打來的電話，一把鼻涕一把眼淚，哀求寬限；後一秒鐘客人來了，轉個身吸口氣，又是笑臉迎人！

看出她成功的祕訣了嗎？曾鳳玉女士以自身的經歷，驗證一句話：**一個人成功的速度，決定於情緒轉換的速度！**

心情不好的時候，朋友找你出門玩、散散心，有些人會無精打采地回答：「你們去吧，等我心情好了，就會跟你們出去了……」

試問，「等心情自己慢慢好起來」，要等到何年何月？

有些正在青春時期的青少年，他們常因為大事小事就心情憂愁、煩悶、惆悵、久久無法釋懷。這樣的人成年後，人生也會過得十分坎坷；因為，他們的人生「花費太多時間在情緒上」了！

知道快速轉換情緒的重要性之後，重點是，曾女士這種快速轉換情緒的技巧，是「如何辦到的？！」（這才是懂得看門道的內行人會問的關鍵問題！）

影片中，只見曾女士對著記者示範，前一秒鐘愁眉苦臉哭哭啼啼，後一秒鐘一轉身、一吸氣、一挺胸、一揮手、一挑眉……就變得雙眼放光、笑容可掬……這一切都發生在轉身的一瞬間……

看出端倪了嗎？當然，讀者是看不到電視畫面的，但是在腦海中卻可以想像出栩栩如生的模擬畫面。沒錯，關鍵在於四個字：**由外而內**！

心情不容易由自己控制，但是臉上的表情、身體的姿態、四肢的動作、說話語調、呼吸方式等，是由骨骼肌所執行的；所謂「骨骼肌」，又名「隨意肌」，就是我們自己可以隨意控制的！

許多心理學研究發現，調節外在的表情、姿勢、身體動作，就可以快速影響內在的心情。TED網站有一段很棒的影片，由社會心理學家艾美·寇蒂（Amy Cuddy）解讀：「姿勢決定你是誰」。

所以，「由外而內」，暫時把心情放一邊，先調整你臉上的表情、身體的姿勢、四肢的動作、說話的語調、以及呼吸的方式，就是「快速轉換心情」的不傳之密！

除了最嚴重的「木僵型憂鬱（catatonic depression）」以外，即使是心情再不好的人，相信都還是有力氣做做深呼吸、揚揚嘴角、抬頭挺胸出外走一圈吧！

國家地理頻道頗為當紅的電視節目「報告狗班長」，主持人曾經示範如何讓膽小的狗兒快速建立自信。首先，他將牽繩的一頭綁在狗的頸部，再將牽繩的另一頭綁在狗的尾尖；這樣，從正中心拉高牽繩時，狗兒就會出現抬頭挺胸、尾巴也會翹得老高的姿勢！

本段落心靈影像

心靈影像與提醒物	意涵
單親媽媽、麵店與麵食、遛狗	暫時把心情放一邊，「由外而內」，先調整臉上的表情、身體的姿勢、四肢的動作、說話的語調以及呼吸的方式，「快速轉換心情」一點都不難喔！

他解釋，這就是自然界的狗兒在最有自信的時候會出現的姿態。接著，他就牽著這隻「不得不」呈現自信狀態的狗，在屋內走了幾圈之後，就果斷地走上街頭！只見原本完全不敢上街的狗，此時抬頭挺胸、尾巴翹翹，在街上越走越有信心，即使之後把牽繩放掉，牠也毫無畏懼了！

你看，「由外而內」，連狗狗都做得到，你會說自己沒有辦法嗎？找機會試試看，幾次之後，你就會發現「快速轉換情緒」不再是少數成功人士的專利喔！

承續前面的例子，下次開車時，如果遇到魯莽的駕駛，從後面叭你、閃你大燈，或是突然超車，當你反射式的暴怒出現時，試著揚揚你的嘴角、挑挑你的眉頭、聳聳你的肩膀、吐吐胸中的惡氣；你會發現，當你擺出這樣無所謂的表情、姿態與動作時，原本的憤怒情緒就會被你輕易打發走了喔！

還是陷在情緒低潮怎麼辦？

仔細體察每一天的心情，你會發現，即使沒有特殊的壓力，心情也會有自己的週期性變化；也就是說，有意氣風發的時候，也就會有心灰意懶的時候！

有憂鬱症或憂鬱體質的人，或是近期遭受失戀、失業、親人過世等重大打擊的人，常會陷入所謂的「低潮」。低潮期間的特徵除了心情低落外，就是對什麼事都提不起勁。事實上，失去興趣、失去活力、疲累等，皆是憂鬱症或壓力反應常見的症狀。

當你落入低潮時，最不該做的事情就是「繼續低潮」！

但是，要如何快速脫離低潮呢？尤其是當低潮的情況下，我就是什麼事都不想做啊！

我相信，人一定有能力，去創造我們自己想要的情緒。就像是演員一樣，剛開始，可能只是勉強自己，或是裝出來的。但是要記得，「弄假會成真」喔！

這裡有一個心靈影像，適合鼓勵低潮中的人動起來。

許多人都騎過機車。如果是新車，通常電門一按，瞬間就能啟動。但是如果是老爺車，可能就要辛苦做一個動作，那就是：用腳踩發。

沒有經驗的人，常常踩半天也沒辦法發動；到了機車行，老闆一踩就啟動了。為什麼呢？

因為在踩發的時候，踏板要擺正，採的方向也要直下，不然齒輪很容易滑脫。方法對了以後，再來就要講究力道了。這種事情不能遲疑，要一鼓作氣，輕踩一段讓齒輪咬緊後，就要狠狠地一下踩到底，之後，通常就能聽到引擎啟動的美妙聲音……

回歸到情緒，當心情低潮時，就像發動老爺車，一定要掌握幾個要訣：

- 千萬不要踩歪：也就是，千萬不要用一些邪門歪道、傷害身心的方法來排除低潮，例如抽菸、酗酒、暴食、流連電子遊藝場、沉迷網路遊戲、將情緒發洩在家人身上等。要記住，一但踩歪，齒輪打滑甚至脫牙，都可能對引擎本身造成極大的傷害。

- 方向對了，腳踏穩了，齒輪也卡好了，接下來就不要遲疑，以莫大的魄力與力道，一腳狠狠踩下去！想運動，衣服一換就立即動身；想找朋友聊聊，電話拿起來就撥出去；想要彌補錯誤，更是該立即行動。「即知即行」才能「游刃有餘」，知道的那一瞬間，就該趕緊動身把事情做好。我們的習慣常是，「喔，我知道了，等一下我就會去做……」結果等一下不知等到哪去。
- 這次發動成功了，掌握要訣，下次發動就會更容易一些。但是真正重要的，是解決核心問題：平時就該加強車輛保養。如果你是容易低潮的人，就必須投資更多的時間、精神在平時的心情調適上。平時心情的小波動，要調整回來都不難；但是等到負面能量累積越來越多，情緒已經掉到谷底了，要「喬」回來就必須花費數十倍甚至數百倍的心力了。

以「幫助人改善情緒」為職志的精神科醫生，會不會也有心情不好的時候？

當然也會！而且，在美國的統計中，精神科醫師是所有科別的醫師中，自殺率最高的！

我雖然熟知各類心理治療與情緒調適的方法；但無可避免地，與每個人一樣，我也會有掉入極度低潮的時候……

反覆的經驗中，我學習到，當這樣的時刻來臨時，「強打起精神，做一些有意義的事情」，是唯一且最為有效的救贖！

不論是深呼吸、洗把臉、沖個澡、運動、唱歌、看個好電影、禱告、念佛、打掃……只要是有意義且對自己及他人沒有傷害的事情，一件不夠、做兩件，兩件不夠、接著做！只要不停地做下去，你會發現情緒的自主權終究又回到自己手中！

我是一個擁有自主性與自由意志的人，怎麼可以被情緒牽著鼻子走！持續強化這樣的體認，就是拿回人生

本段落心靈影像

心靈影像與提醒物	意涵
機車、引擎發動聲	強打起精神，展現魄力，去做有意義、有幫助的事情，這是擺脫情緒低潮的終極藥方！

主導權的最好方法！

多數人犯的錯誤，是誤以為一些不健康、宣洩式的方法，可以讓心情好起來，例如吸菸、大醉一場、暴飲暴食、瘋狂購物、沉迷電玩、甚至是吸毒、報復對方、或是傷害自己如割腕、燙菸疤等。事實上，這些行為只能暫時轉移你的注意力；等到曲終人散、回歸現實、嘗受到這些事情的負面效應之後，只會讓你的心情更加惡劣！

如果情緒是個人，他最喜歡做的事就是「不斷複製他自己」！而他最怕的，就是你不買單，不隨著他起舞！提早備妥一些「下次心情不好時可以做的事情」，鍛鍊即刻動員的能力，隨時準備將不受歡迎的情緒趕出你的人生吧！

讓情緒為你工作：強烈的情緒，就是強烈的動力！

每個人都希望成功，尤其是賺大錢。在這個資訊時代，關於如何成功、如何創造財富、如何累積財富的「知識」，是不難獲得的。那為什麼關於成功這回事，還是「做夢的人多、實現的人卻少之又少」呢？

最大的原因，是缺乏勇氣與動力！

勇氣：有勇氣走出自己習慣的舒適圈、走出安全的人群，選擇一條人跡罕至、晦暗不明、但可能收穫豐盛的坎坷道路！即「創造屬於自己的藍海」之勇氣！

動力：確定放手一搏之後，如果是五分鐘熱度，那受益的永遠是「招牌店的老闆」！君不見大街小巷，滿街的招牌，一面招牌就代表過去某個時空下，一個熱血沸騰的夢想！但你可發現，許多招牌是破舊的，許多店面是緊閉的，代表一個個熱血冷卻、夢想棄守的故事……其實所欠缺的，就是持續推動夢想的堅持，也就是源源不絕的動力！

那勇氣與動力要從哪來呢？

你會發現，絕大多數成功的人，都有一個不佳、甚至不堪的過去！也許是家境不佳，只能羨慕別人家的孩子可以每天開開心心上學去；甚至是曾經經歷債主上門，對於父母親人言詞羞辱甚至拳打腳踢……

成功的人因為再也不想經歷同樣或是類似的傷痛，所以要讓自己遠離任何重蹈覆轍的可能性，往「負面生命事件」的另一頭狂奔，結果就是「不得不」邁向成功！

而且是超越眾人的巨大成功！

人生中這樣強烈的屈辱與創傷，在潛意識中經過巧妙的轉換，成為推動自己一輩子不落人後、奮勇向前的動力！回頭來看，挫折的人生事件與強烈的負面情緒，不啻是生命中最寶貴的、兼具爆發力與持續力的火箭燃料！

所有的情緒都是一種能量，越強烈的情緒就是越強而有力的動力，但「動力」與「衝動」需要小心區分！「小時常被霸凌，所以總是有一股力量推動著我，要求我一定要在某個領域勝過這些人千萬倍！」這是偉大的動力；「行車糾紛，盛怒之下失手將對方打死……」卻是最愚蠢的衝動！歷史上句踐復國、孫臏智鬥龐涓、司馬遷受宮刑而發憤完成曠世鉅著《史記》，都是「忍辱負重」的最佳典範。

電影《阿甘正傳》中，阿甘在珍妮不告而別後悲

本段落心靈影像

心靈影像與提醒物	意涵
加油站、火箭、跑者	想要成功，最需要的就是續航力！讓強烈的負面情緒為你工作，成為推動你一路奔向成功的燃料與動力！

慟不已，在一股動力的驅使下，開始跑、跑、不斷地跑，來回美國東西岸數次，成為啟發人心的壯舉！

現實世界中，戴爾・卡內基（Dale Carnegie）的著作中曾經提到，一位醫師建議一名有嚴重失眠與強烈自殺意念的患者：「既然你打算要死，何不死得壯烈一點？你不妨繞著街區拚命跑步，直到把自己累死為止！」

結果這個病人，果真照著醫師的話去做，卻發現每跑完一圈，心裡的負擔就釋放不少！跑得精疲力竭回到家之後，頭一沾到枕頭就立即沉沉睡去，原本的失眠問題自動解決了！持續跑步習慣，讓他跑出興趣，成為運動健將，對於生命也重燃熱情！

看看周遭受到情緒所困擾的人們，白白浪費「負面情緒」這個寶貴的資源，實為可惜。你也常常受到情緒所困擾嗎？記得稍加轉換，讓情緒成為你的動力，乖乖為你工作吧！

第十章
心靈影像如何用來調適壓力

壓力調適，是一種籠統的說法；如果細分，你必須知道你要調整的是「壓力源」、還是「壓力反應」？

壓力源，就是造成壓力的人、事、物。調節壓力源，最好的方法，叫做「放棄」！讀書有壓力，不讀就好了……工作有壓力，不工作就解決了……成家有壓力，不結婚就沒事了……跟人互動有壓力，在家當個宅男宅女就好了……

調節壓力源，是希望「環境來適應你」，這不但發生的機率不大，對於自己的成長也沒有一絲的幫助。所以說，這一章的「壓力調適」指的是調節自己的「壓力反應」，即面對壓力時所產生的身心變化。只有不斷提升自己的壓力調適技巧，才是對人生最有幫助的選擇喔！

人是最擅長適應壓力的動物！

人類是地球上最擅長適應的動物，早在文明與科學萌芽之前，人類就可以充分發揮自己的適應能力，戰勝嚴酷的環境、多變的氣候、貧乏的食物來源以及其他野獸與疾病的侵襲。地球上的各個角落，包含乾燥酷熱的沙漠、潮濕濃密的雨林、汪洋中的小島、甚至嚴寒的極地，人類都可以落地生根、生生不息。光是想像一下，蠻荒時代的原始人，沒有任何醫療人員的協助，就可以在荒野中生產及哺育子女……你不得不由衷敬佩我們這些先祖的強大適應能力。

鏡頭轉到現代……有一個年輕人，失業已久，最後終於找到了一個殯儀館的工作。在殯儀館上班的第一天，因為從來沒有看過死人，面對各式各樣的屍體，承受很大的心理衝擊，一整天下來嚇得半死，連晚上睡覺都還會夢到恐怖的屍體。

這彷彿是世界上最難適應的事情，但是奇怪的是，不用兩個月，年輕人就越做越順手。半年之後，即使是身首異處、開腸破肚的屍體，對他來說也是稀鬆平常、視若無睹。

每個人都有這樣的適應能力，但是我們常常習慣於「保留實力」，選擇不去充分發揮自己與生俱來的強大適應力！

不相信？我的診間，每天都可以見到這樣的例子。

一位中年大姊來到門診，愁容滿面、描述自己長年來憂鬱、煩躁、失眠等等諸多不適。我以一句常用的開場白詢問她：「妳覺得這些不舒服是從哪裡來的？」

大姊說：「還不是我那個住在一起的婆婆害的，整天碎碎唸，都是重複的內容，給我多大的壓力你知道嗎！」

「妳聽她唸這些東西有多久了？」我好奇地問。

「從婚後開始一直唸到現在，大概二十多年了吧！」

「同樣內容的東西，聽久了不會習慣嗎？」我接著問。

「這種事情怎麼可能習慣！？你不要說無法習慣，我還越聽越火大呢！」

仔細想想，是真的「無法習慣」嗎？可怕的屍體，都可以在兩、三個月內適應；幾句話只是空氣分子的震動，我們卻可以拖延二十年都無法適應，甚至對同樣內容的幾句話，反應越演越烈！這是怎麼一回事？

心理學上來說，這是潛意識「選擇」的結果！也就是說，**是我們自己「選擇」不去適應的！不要懷疑，人會「選擇」停留在讓自己不舒服的身心反應裡，只因為那是我們「習慣」的應對模式**。由於大腦每天要處理的資訊太多，所以許多事務都變成「自動回應」，有點像飛機的「自動導航模式」。就神經解剖學的觀點來看，它們就是前面所提到的「不受歡迎的大腦迴路」！

你有沒有想過，這些自動導航與大腦迴路，對於自己到底有沒有幫助？如果沒有幫助，你還需要它們嗎？

以婆婆愛唸人的例子，聽老人家說話，要聽出她的「出發點」，而不是拘泥於字面的意義！大多數時候，

本段落心靈影像

心靈影像與提醒物	意涵
原始人、雨林中的印地安人、北極愛斯基摩人、殯儀館、屍體、長輩的叨唸	千萬別小看自己的適應能力，也不要吝於使用自己的適應能力！

老人家的心意是一種關懷，只是不會像年輕人這樣善於修飾用詞；或是反應出她自己因為年邁、退化、無法掌握週邊人事等因素所造成的不安，僅僅需要兒孫一些安撫與肯定。就算她真的是帶著惡意，因為老人家的幾句話就不斷迸出負面情緒，累積到自己必須看醫生，這樣划得來嗎？

有人會說，「我也不想這樣，但是每次聽到了，就會受不了啊！」

這應該是大多數人的心聲，只要談到負面想法、負面感受、負面情緒，就有太多的「做不到」。不過，現在不需再為這樣的問題煩惱了，因為這些問題正是心靈影像治療法ＭＩＴ可以大展身手的舞台！

心量越大、適應能力就越大！

面對壓力，一般人的感受是「我必須壓抑」！其實，這個「壓抑」二字可以替換為「調適」。

就像一滴墨汁滴到一杯水裡，拿根湯匙攪啊攪……整杯水都會變黑；但如果這滴墨汁是滴到一缸水裡，攪啊攪，就換成墨汁不見了！如果是滴到大江大湖之中，更是毫無影響力啦……這說明，人的心量越大，煩惱就越輕。

注意喔！我說的是煩惱越「輕」，不是越「少」；因為很多人的煩惱不見得少，但他把這些煩惱看得很輕，甚至不歸類於「煩惱」，只當作是一些「待辦事項」而以。

一個人的心量有多大，適應能力就有多大！你可以在腦海中，想像自己的心胸，像是湖海一般寬廣，甚至如同宇宙一般遼闊！這樣，所有的問題到了你的面前，自然都變成小菜一碟。

一個人的心量，絕對是可以「鍛鍊」出來的。面對一個十億元的案子，一般人可能肩膀沉重、呼吸困難；換作是王永慶、郭台銘，卻可能嫌小而不屑一顧。他們是天生

本段落心靈影像

心靈影像與提醒物	意涵
墨汁、湖、海	在心靈中不斷放大自己的心量，以廣闊的包容力調和大小壓力！

就擁有這樣壯闊的心量嗎？年輕、初入社會時的王永慶、郭台銘，面對十億元的大案子不會緊張嗎？可見，一個人的心量，是隨著經驗與智慧的累積，不斷成長起來的。

ＭＩＴ就是主張以想像力，直接調整「外來壓力」與「自己心量」在我們心目中的尺碼。你會發現，反覆練習下，即使沒有漫長的磨練與過人的經歷，你也會成為一個心量廣闊、無畏壓力、充滿自信的勇者！

人有能力用最輕鬆的態度，做最沉重的事情！

許多人都以為，「事情越多、越難、越繁雜，我的壓力就會越大」。特別的是，有這類煩惱的，多數是面臨這些事情已經一段時間的人。也許是因為，如果是一個生手，突然面臨重大壓力，如果無法承受，他大可以選擇放棄。

的確，壓力對人的影響力，是由兩個因子所決定：壓力的「大小」、以及承受壓力的「時間」。壓力越大、承受的時間越長，就越容易壓垮一個人！重複、繁重的壓力，加上未即時妥善紓解，會造成 burnout 的現象，我稱之為「身心俱疲症候群」；這個現象常發生在醫護人員、警察、重病或殘障者的家屬（照護者）身上。

但事實真的如此嗎？壓力大、時間長，真的一定會使人無法承受嗎？真的只能走向「身心俱疲症候群」甚至崩潰一途嗎？

仔細觀察，你可以發現一個有趣的現象：世界上工作壓力最大，工作時間最長的人，通常反而是最喜歡工作的人！例如王永慶、郭台銘、馬英九、歐巴馬這些大忙人，即使面對每天強大的壓力、超量的工作，卻是甘之如飴。

何以見得？王永慶、郭台銘這樣的大企業家，每天早出晚歸，隨時須掌握公司營運的大小狀況（想像鴻海集團有十多家上市公司、上千個子公司、員工達一百五十多萬人！），一個錯誤決策，就得面對幾十億、甚至上百億的損失。以他們動輒上千億的身價，大可不須如此命苦，早就可以退休安享清福了，但你可曾見過他們一臉疲態、動不動就喊退休的樣子？

至於馬英九、歐巴馬這些政治家，日理萬機，行程從早排到晚（據悉馬英九總統一年約有四千多個行程！），遇到突發狀況還需二十四小時全年無休立即處理。壓力更大的是，不管你做得好或不好，總會有眾多「關切」的聲音日夜提醒……這樣的辛勞與重擔，你可曾看過他們做了一屆四年，就牢騷滿腹、自怨自憐，自動放棄競選連任？

為什麼他們有辦法做到如此？人有辦法用最輕鬆的心情做最有壓力的工作嗎？薛西佛斯是如何愛上他的大石頭的？

籃球大帝喬丹，生涯中有太多次機會必須承擔比賽的成敗，要在最後幾秒中，投出反敗為勝的致勝球……

打過籃球的人都知道，就像棒球投手一樣，出手的那一瞬間，手指、手臂、甚至全身力道的細微變化，都可以決定得分與否！

每位球員，平日練習都是在輕鬆自在的狀態下，有極高的命中率實屬正常。但是比賽中全然不是這麼一回事。試想，離比賽終了只剩最後幾秒鐘，在落後一分、甚至兩分的狀態下，當隊友傳球給你，贏球的榮耀與狂喜或是輸球的黯然離場，由你一肩承擔；加上全場觀眾的目光與鼓譟……要讓身心全然平靜、超然物外，發揮最佳表現，這實在是一件不可能的任務！

麥可喬丹做到了，生涯中有數十次，投進了反敗為勝的致勝一球！這也證明，雖然並不容易，但是「用最輕鬆的態度，做最有壓力的事情」，事實上是可行的。

在繁忙工作的同時，又必須應付自己無用、多餘的壓力反應，你會發現，應付壓力所花費的能量遠大於實質工作！事實上，採用輕鬆的心情來做繁重的工作，你還是可以做得很好，甚至比你神經緊繃時會有更出色的表現！

尤其是，如果這些工作是你早已熟練的，更應該用最輕鬆的心情來執行。當你可以隨時保持放鬆狀態時，你會發現，一邊工作、身心也可以同時執行疲勞恢復機制；如此不但可以耐操、耐煩，壓力也不可能累積到有機會壓垮你！

本段落心靈影像

心靈影像與提醒物	意涵
每個人心目中，成就非凡卻又對壓力甘之如飴的偶像	事情越多，不代表壓力就必須越大；隨時保持身心放鬆，以輕鬆的態度來執行，反而可以有更出色的表現喔！

調適壓力的關鍵：提早因應！

火苗生起時，一杯水就能將它撲滅；當熊熊大火吞噬一切時，即使以大量消防水柱灌注也常無濟於事……

這說明了，面對壓力時「提早因應」的重要。我所謂的提早，是提早到甚至壓力還「來不及冒出頭」的時候！

例如：如果你做的是靜態的文書工作，你可以用手機提醒自己，每隔多少時間就要起身動一動。喝杯水、上個廁所、洗把臉、踱踱步、深呼吸、甚至做做伸展操，這些都不難做到，而且可以在壓力、疲勞形成之前就將之消弭於無形。

接下來要揣摩的，是「騎腳踏車」的經驗……

每個人剛開始學習騎腳踏車時，常常無法抓到平衡的要領，往往東倒西歪，不是偏左、就是偏右。等到學會騎車後，速度、平衡都可以精確掌握，享受風馳電掣的快感。更熟練以後，一切動作都成為自動化的反射，不用思考「如何騎車」這件

缺乏自信

成為有自信的人

如何成為一個有自信的人？

首先，要釐清一個問題，「所有的自信都是好的嗎？」

沒由來的自信，不是一件好事。如果你的自信超過你的實力太多，當牛皮吹破的那一刻出現時，換來的只是挫敗與羞辱。

自信不是憑空而來的，沒什麼本事、也沒什麼成就的人，莫名地充滿自信，高談闊論、大言不慚，這是躁鬱症躁期的典型症狀。

自信是一種內在的感覺，自己知道、自己享受即可。即使你心中再有自信，外顯出來的言語、表情、動作與行為也必須謙遜；這是最安全的做法。易經六十四卦中，公認最吉祥的卦就是「謙」卦，謙虛是中國人的處事智慧。

電影、小說中的英雄有許多類型，其中最酷的一種，就是看起來貌不驚人，但是一出手就技驚四座。你想要成為這樣的英雄人物嗎？這種事是沒有捷徑的，你必須先找到自己的專長，即所謂的「優勢能力」；具體說，就是「你只要花別人一半不到的努力，就能專精的事情」！

相信我，大多數人都有這樣的優勢能力，等待自己去發掘。可惜的是，每個人真正突出的優勢能力都很「窄」，例如旅美棒球選手王建民，他的優勢能力是「投球」，還不能說是「打棒球」，因為他的打擊、跑壘能力都一般。光靠一個出色的投球能力，就可以成為揚名國際的「台灣之光」。如果王建民是出生在北部的孩子、如果王建民在小學的歲月中不曾拿起棒球投投看、如果沒有一位慧眼識英雄的教練給予鼓勵與栽培……有太多的可能，他珍貴超凡的優勢能力將在無知無覺之中就被埋沒！

所以說，趁著青春歲月，盡可能地多方嘗試各種領域的事物，這是絕對必要的。找到上天賦予你的專長與優勢能力後，你就等於取得一張千載難逢的成功入場券……接下來，就可以開始認真「修煉」了。

回到我們的主題，如何成為有一個有自信的人？最簡單而又生動的心靈影像就是「存錢筒」。

自信必須從實際的人生經驗中去累積；完成一件小事情可以產生小自信，完成一件大事情則可以產生大自信。大家可以想像，自信就像存錢筒裡一點一滴積攢出來的儲蓄。

以求學時期為例，課堂上老師問問題你主動舉手回答，等於在存錢筒中投入一塊錢。期中考考一百分，是件不容易的事，等於你在存錢筒中存下十元。考上第一志願，不簡單！等於一次就存下一千元，因為這種自信大到破表，而且會追隨、加持你一輩子。

自信永遠都在那裏嗎？不，就像存錢筒裡面的錢一樣，它們也不是永遠安全的！如果你有自我打擊的習慣，你的存錢筒就是有裂縫的，裡面的錢會不時流失。一個小挫折，就像存錢筒倒了，最近所存進去的錢可能會灑出來一些，但是過去長時間所累積下的積蓄仍是你堅固的基礎，不會輕易損失。

小失敗是存錢筒的小破洞，大失敗就是一個大破洞！

如果是一個天大的挫敗，可能就會一次打破你的存錢筒，讓你徹底喪失過去所累積的自信，必須從頭開始建立！

「存錢筒」是一個很棒的譬喻，因為從存錢筒的意象，可以衍伸出很多與自信相關的議題：

● 想要快速提升自信，有兩種方法。第一種就是卯足全勁，一次做一攤大買賣！例如公司有一個困難的任務，完全沒有人想接，這時你就要將之視為百年難得一見的珍寶，立馬上前搶下！接下來，就是全力以赴、不計一切代價將其完成。這樣，你就會在同事的歡呼聲與主管的讚美聲中，自信狂飆，等於一次在你的存錢筒中存下上千元！

● 如果你還沒有上述的本事，快速提升自信的第二種方法，就是「小事情多做」！就算每次只存一塊錢，只要速度快、持續不斷，也能在一段時間內累積可觀的財富。你可以主動出擊，幫同事跑腿、幫主管倒茶、大方地讚美表現不錯的同仁、隨時維持桌面整潔、所有交辦事項確實完成。回到家後，可以幫太太洗碗、陪孩子玩遊戲、耐心聽媽媽嘮叨、睡前做些小運動等。

總之，你會發現，可以存小自信的機會太多了，遠遠超過你的想像！只是，我們常常會有意無意忽略這些小事，或是根本認為不值得花力氣去做。古人有云，「勿以善小而不為」，千萬不要放過任何一個可以充實自信存錢筒的機會喔！

- 即使你很會存自信，也不要忘了你的存錢筒本身也必須十分堅固，才不會動不動就破個洞把錢都漏光光。

  這個存錢筒本身，我相信就是一個人的「自我認同」；即，回到最根本，他是如何看待自己的！他的自我是堅強的、還是脆弱的？就像是用不同材質打造的存錢筒，其耐用度是截然不同的！

- 在某些情形下，人的自信最容易流失，最典型的狀況就是「憂鬱症」。

  憂鬱症是一種嚴重的疾病，會從腦功能的核心影響我們的心智運作，讓人們覺得自己一無是處。例如國際巨星張國榮，他的一生如此精采、才華洋溢、成就不凡，照理說即使是遭遇再大的挫折，他的自信存錢筒也不致於空虛。

所以推測，是憂鬱症讓他的自信存錢筒不斷破裂，存的多、流失得更多，終至悲劇發生……

好消息是，大多數的憂鬱症都是可以治癒的；有自殺傾向的患者，在住院接受藥物與心理治療後危險性通常會大為下降，所以千萬不要諱疾忌醫。

自信如同存錢筒，存錢筒越滿的人、也就是越有自信的人。這樣的人不在乎承認自己的失敗，也不會在意別人開自己的玩笑，甚至會拿自己來開玩笑娛樂大家。如果有一個人，對於別人的一言一語都十分敏感，你得小心翼翼才不會得罪他，動不動就需要別人配合他的情緒……我們常稱他為「自尊心很強」；其實，恰恰相反，他是一個自尊心薄弱、自信存錢筒空空如也的人。如果你無法幫助他，最好是敬而遠之，否則容易被他消耗大量的心力與能量。

成為別人相信的人

存錢筒這個心靈影像，也可以廣泛應用於其他層面，例如信任。

自己對於自己的相信度是「自信」，別人對於我的相信度就是「信任」。他人對於我們的信任同樣也是「存」出來的。一樣，小事情有小信任，大事情有大信任。

青少年朋友，常抱怨家人不信任自己，這個也不行、那個也不准。除了少數家長是因為自己本身沒安全感，所以老是想控制孩子的行蹤；大多情況，青少年都該問問自己，過去有沒有「存夠」父母對你的信任。

同樣地，你只要違背自己的承諾，就會讓自己的信任存錢筒出現破洞。有時，一件大事，就足以讓你的信任存錢筒徹底破碎，讓裡頭的信用存款流失光光！

違背自己的諾言、陽奉陰違、在他人面前情緒失控等，就等於是自己親手打破自己好不容易一點一滴建立起來的信任存錢筒。動不動就摔裂它、動不動就打破它，你的信任存錢筒永遠是空的，又怎麼能怪別人不相信自己呢？

臨床上，最容易發生信任危機的，就是毒癮患者。「我已經很努力在戒毒了，可是家人老是不相信我！」事實上，他只戒了三天，之前已經讓家人失望了十幾年……試問，你的信任存錢筒中還有多少積蓄呢？在責怪他人之前，先低頭看看自己的信任存錢筒吧！

如果你相信自己有個「信任存錢筒」，並且隨時提醒自己這個存錢筒的珍貴，就會有動機隨時修正自己的行為。即使是每天上班的例行公事，面對身邊的同事、上司、屬下，**你再也不會放任自己三不五時就怨東怨西、發個脾氣或偷懶了。因為你知道這些動作，都會讓別人對你的信任一點一滴的流失！**

如果仔細盤算，你會發現，「自信存錢筒」與「信任存錢筒」，雖然裡面的存款都是虛擬的，但其重要性卻遠勝過現實世界中的真正金錢！世界首富比爾蓋茲曾經說過：「即使剝奪我的一切，把我丟在沙漠中，只要有駱駝商隊經過，我又可以東山再起，成為億萬富翁！」他所倚靠的是什麼？相信除了經驗與智慧，最重要的、而且是別人絕對搶不走的，就是他驚人的自信與長期

本段落心靈影像

心靈影像與提醒物	意涵
存錢筒（撲滿）	自己對自己的「自信」，及別人對我們的「信任」，都是比金錢還要寶貴的資產！好好保護自己的自信存錢筒以及信任撲滿，並且積極主動、持之以恆地存入大錢小錢吧！

大家都知道，魔術方塊有六個面；即使是最厲害的高手，如果只看一個面，有辦法解得開嗎？

＊＊＊＊

門診常有一些不幸的人就診，你會發現，不論那一次回診，他一旦提起所困擾的負面事件，就永遠都只有一套觀點、一套說法：「先生不肯簽字離婚，讓我的人生進退不得……」「都是那個愛唸的老闆，讓我一進公司就充滿壓力……」「如果當初父母沒有逼我去讀軍校，我現在的人生一定會更快樂……」

如果可以看到不同的面向：「先生遲遲不簽字，真是太愛我、太捨不得我了……」「直性子的老闆，比起悶不吭聲、老奸巨猾的主管好預測、好相處多了！」「如果不是父母有先見之明，讓我走上穩定的軍職，我還真不知道自己可以做些什麼呢！」

即使問題本身尚未有轉機，但以截然不同的觀點「重新詮釋」之後，自己的心境卻已大幅躍進！諒解、釋懷、知足、感恩的心情將會取代原有的仇恨與怨懟，你也將更有智慧與活力去解決今後的人生難題！

所以說，當你又忍不住「緬懷」過去的負面事件時，不如稍微加個工，讓同樣的想法跳過，刺激大腦自由聯想，激盪出一些不同的觀點。搞不好解決之道、智慧的火花，就此迸發而出喔！

有些懊悔，是由於自己過去所犯下的錯誤所造成，令人久久無法釋懷。

對於自己過去所犯下的無心的、刻意的、甚至傷害性的錯誤，最好的解決之道就是誠摯地懺悔，並且改過遷善，甚至面對受害人誠心道歉以尋求原諒，或是親自動手彌補過失；這些都是可以讓自己的心靈真正地安寧與平靜，最直接、最有效的方法！

接納自己的錯誤吧

該做的都做了，該付出的代價也付出了，與其依舊耿耿於懷，深陷於自責與懊悔中，不如接納自己過去的錯誤，也相信世界上永遠都有人會做出更愚蠢的事，不妨聽聽下面的故事……

這是英國著名心理學教授李察·韋斯曼（Richard Wiseman）在一個關於幽默的大型研究中，由民眾票選出來排名第一的冠軍笑話。

兩個獵人走進森林，其中一人突然雙眼翻白、呼吸停止、倒地不起。另一人十分緊張，趕緊拿起手機，打電話求救。

電話接通後，他驚慌地說：「我的朋友突然倒在地上，好像死了，我該怎麼辦？」

勤務中心服務人員說：「冷靜下來，我們一步一步來。請先確認他是不是真的死了？」

電話沉寂了幾秒鐘，突然傳來一聲槍

本段落心靈影像

心靈影像與提醒物	意涵
抛捧花、許願池、置物櫃、收納箱、魔術方塊、獵人	1. 對於負面記憶，腦後或是某個心靈角落，就是它最佳的歸宿！ 2. 如果仍會反覆回想，那就督促自己看見這件往事的不同面向吧，有時解答與啟示就在其中喔！ 3. 該做了都做了，有時以幽默感一笑置之或許是不錯的解決方案……

響……之後獵人拿起電話：「OK……接下來呢？」

該做的都做了，有時候乾脆用幽默感一笑置之吧。這或許也是不錯的解決方案。

走不出過去的創傷

有一些不幸的人，在生命中遭遇到超乎常人所能承受的嚴重壓力事件；這樣的經歷，有別於一般的壓力，可稱之為「創傷」。家暴、性侵、霸凌、天災、車禍、家人驟逝等，都有可能達到創傷的程度。

阿根廷著名心理醫師赫黑•布卡依（Jorge Bucay）曾經說過一個「大象與木樁」的故事，可以做為協助當事人走出過去創傷的最好心靈影像。

馬戲團的大象，是觀眾注目的焦點。表演結束後大家發現，訓獸師只用一條綁在象腿上的鐵鍊，加上一根小小的木樁，就可以讓大象乖乖地待在一個狹小的範圍裡。

其實大象只要一出力，就可以扯動鐵鍊，將木樁拔起，獲得自由。但是奇特的是，即使擁有一身力氣，大象對於「扯木樁」這件事卻連試都不想試。為何如此？

其實原因並不神祕。因為這根木樁在大象幼年時，就被用來限制牠的行動。幼象體型小，力氣也不大，即使使出吃奶的力氣，也無法撼動木樁分毫。

小象長大後，仍深深相信，面對鐵鍊與木樁，自己是「一點辦法也沒有的」！光是回想就充滿痛苦，更何況去重新經歷！所以，即使是經過歲月的累積，智慧與力量早已大幅成長，長大後的大象仍深深相信，自己在鐵鍊與木樁前仍是那頭脆弱的小象，永遠無法掙脫與超越……

你的身上與心靈，是否也存在著許多這樣的鐵鍊與木樁？過去的創傷，是否仍深深影響著現在的你，讓你透不過氣？

事實上，大象大可每隔一陣子，就試上一試，與鐵鍊及木樁較量一下。牠會發現，隨者力氣成長，總有一天，鐵鍊與木樁再也不是牠的對手。

就如同隨著智慧與經驗的成長，過去曾經重重傷害過你的事情，現在也許早已無法影響你了，甚至有機會成為幫助你邁向成功的動力！也許是藉由不同的角度看待它、也許是將之轉換為正面能量，總之，**創傷的記憶是死的，而人卻是活的；比起創傷對於人的影響力，面對創傷，我們反而有更多的靈活方法可以對治它！**

記得在大專院校做顧問醫師時，曾經輔導一位童年時被父母家暴的同學。他愁容滿面、多愁善感，心中最大的枷鎖就是過去家暴的陰影。

幾次晤談，在建立互信關係後，我開始向他的核心問題「家暴陰影」挺進……之前即得知他對網球蠻有興趣，是網球社的一員，所以我決定以「網球」作為媒介。

談論了一會兒過去的家暴記憶後，他又陷入一個受害者的角色之中，淚流滿面……

見時機成熟，我問他：「你知道家暴與網球有什麼共通之處嗎？」

他雙眼噙著淚水，搖搖頭、一臉迷惑……

我說：「這是一個網路笑話：這樣打叫『正手拍』（我做了一個用手掌甩巴掌的動作），這樣打叫做『反手拍』（我做了一個用手背甩巴掌的動作）；爸爸施暴叫做『男子單打』，媽媽施暴叫做『女子單打』，爸媽一起出手則叫做『男女混和雙打』……」

聽我一口氣說完，他噗哧一聲破涕為笑了！

我接著說：「你已經長大了，又接受完整的教育，其實你的智慧、見識與處事能力，都早已超越你那成長於傳統之中的父母。他們是不及格的父母沒錯，但話說回來，他們也只是用自己所知的有限方法來教養子女啊！父母漸漸年邁，他們早已無法影響你了；再過幾年，他們甚至需要你的照料，彼此角色很快就會對調了。你認為，還有需要將過去父母的錯事看得這麼重嗎？」

因為忘不了這個「網球與家暴」的笑話，使得他從此不再用一直以來嚴肅、僵化、一成不變的角度來看待過去的創傷。詼諧、幽默融化了堅固的記憶，讓創傷對於他的影響力開始大大削弱，也使得釋懷、體諒不再是一件不可能的事情。

尤其是，如果當事人自己也可以用幽默的角度來重新詮釋他的創傷時，代表目前的他，已經有能耐將過去的創傷記憶加以昇華！

還記得第八章所闡述的三大核心信念之一：「永遠都有選擇的自由」！**過去的事情已經過去了，它傷害不了現在的你……除非你目前仍「選擇」要被它傷害！**相對的，你也可以「選擇」不要受它傷害，為什麼？因為這樣做是對自己有幫助的！

除非，你有「被虐」傾向，這樣的當事人其實在臨床上並不少見。痛苦、打擊、羞辱、磨難，反而是他心靈的滋養，讓他可以從深深的自我貶抑中平靜下來。如果你有這種傾向也沒有關係，你不須要勉強自己從記憶或真實的痛苦中解脫出來；相反的，你大可以接納現實中有「自虐傾向」的自我，並取得一個相對穩定的平衡！

鑽牛角尖

煩惱、鑽牛角尖是最累人的一件事情，因

本段落心靈影像

心靈影像與提醒物	意涵
大象、鐵鍊、木樁、網球	1. 對於心靈中的鐵鍊與木樁，不時就該試著撼動一下；鐵鍊與木樁是死的，但人的心靈卻能無限制地不斷成長喔！ 2. 詼諧與幽默，常常可以融化過去最為僵化、固著的創傷。

會是例外，還振振有詞地說：「我叔公每天三包菸，還不是活到九十幾歲！」

第二，確定這樣的思考模式對於事情本身是否有幫助：例如，在飛機上，隨著飛機起飛，開始擔心萬一墜機，逃都沒得逃，會是多麼可怕的一件事情！也許這樣想沒錯，但試問，「你的擔心、你的不舒服，會讓飛機飛得更安全嗎？」如果對於事情本身是沒有幫助，用這樣的念頭嚇自己、讓自己多受這些苦，有任何好處嗎？

第三，練習思考「另一頭是什麼？」：富翁有可能因為捐獻而使財產稍微減少，但更有可能因為助人而累積名聲、快樂、心安與福報！病菌、病毒會傷人，但多數病菌、病毒也會刺激人體產生免疫力！猶太人很會做生意，所以可以刺激商業，增加競爭力與國家稅收，甚至可以充分利用來為國家賺取外匯！如果大多數人都不擔心，那你一直以來你所擔心、害怕的「另一頭」，有沒有可能隱藏了什麼正面的意義、反而是不錯的事情呢？

第四，將精神放在充分的預防工作上：有些事情，雖然發生的機率很低，但仍不可輕忽；與其花費精神擔心、逃避，不如充分做好準備工作！例如消防安全措施、醫院的危機處理機制、企業的異常事件管理等。該做的都做了，自然就有權安安心心過日子！

更重要的是，不斷提升心靈境界，保持心胸豁達；將生老病死視同花開花謝，無掛無礙！即使最為極端的狀況真的不幸發生了，你也能坦然面對，視為小菜一碟！這樣，回頭來看，就更不需要在「事情根本沒發生」、「就算會發生，機率也極低」的狀況下，提前給自己增添煩惱了！

本段落心靈影像

心靈影像與提醒物	意涵
捐款、滑梯、機率（分母與分子）、坐飛機、另一頭、花開花謝	1. 自己不該隨意掉入極端推論的泥淖；更該隨時分辨誰在用極端推論眩惑人心！ 2. 以「確定機率、是否有助、另一頭是什麼、充分預防」四大法寶就能杜絕極端推論的惡習！ 3. 解決焦慮與恐懼的終極法門在於不斷提升心靈境界，對於人生的順境逆境都能坦然面對，將生老病死視為再自然不過的循環歷程。

錯誤歸因

精神科病房與其他科病房最大的不同，在於許多病患是「非自願」住院的。通常是因出現暴力、破壞、威脅或干擾行為，或是有自我傷害甚或自殺行為，家人無法照顧，所以報警協助強制送醫。

面對這樣的患者，我在入院評估中習慣會問到：「你這次為什麼會住院？」得到的答案，大多都是：「還不是家人強迫我來的！」「警察莫名其妙帶我來的！」很少人會說是因為自己的「疾病惡化」、「症狀不穩」或是因為自己的「不適當行為」而需要住院的。

其中部分患者，會在住院過程中，持續把家人、協助送醫的警消、甚至醫護人員當作敵人、當作害自己失去自由的罪魁禍首！不論工作人員如何安撫、勸解、分析，都不易看清事實，也就是不易建立「現實感」。

很多人不知道，精神科病房除了收治精神病患以外，還有一個重要任務就是診治各式成癮疾患、或是治療各種「癮」所造成的後遺症。在各式各樣的「癮」中，住院治療人數排名第一的是酒癮、其次是安非他命的癮、再來則是目前逐步蔓延的K他命癮。至於毒品之王「海洛因」，因為政府推行美沙冬替代療法，已經鮮少需要住院治療了。

這些成癮疾病的患者中，也不乏將苦心規勸自己的家人視為仇敵，卻把招呼自己喝酒或是提供自己毒品的損友當作知己、哥兒們的！

簡單地講，造成這些人痛苦的根本原因，就是「是非不分」，也就是「錯誤歸因」！

不要以為只有病人會犯這種錯誤，一般人也常盲目地將自己的不幸，怪罪於無辜（至少是非主要）的對象！

青少年自己心情不好，卻把關心自己的爸爸、媽媽視為仇人，稍微多提醒幾句就惡言相向！

爸爸在外辛勤工作，承受極大壓力；對外人和藹可親，回到家卻將負面情緒一股腦兒地發洩在妻子、兒女身上！

以為是「某某人故意擺爛」讓我工作不順利、這個「爛工作」真是讓我受不了，其實主因是「自己先帶著負面的情緒去上班」……

「經濟實在太糟了！」「這個政府真是爛透了！」，事實上，真正的原因是自己沒有及早規畫及認真付出。因為，即使環境再糟，也有許多人過得一帆風順、甚至懂得利用時機出人頭地！

是非不分的人，就患有「瓶中巨人症候群」

阿拉伯傳奇「一千零一夜」中有這樣一個小故事……

有一個貧窮的漁夫，每天撒網捕魚維持家計。有一天，他網到一個奇怪的瓶子；拔起瓶塞後，隨著一股青煙，冒出一個魁梧的大巨人！

大巨人一臉凶惡，對漁夫說：「是你把我放出來的嗎？我要殺死你！」

漁夫雖然害怕，仍鼓起勇氣問：「哪有這麼不合理的事情？我救了你，你反而要殺我？」

大巨人說：「當初我得罪一個巫師，被他關進這個狹小的瓶子裡，丟進海中數百年。你不知道這是多麼痛苦的一件事情！在第一個一百年，我不斷許願，如果有人救我出來，我就要讓他成為最有權勢的國王；結果沒有人來救我！第二個一百年，我向老天發誓，如果有人救我出來，我就讓他成為世界上最富有的人；結果還是沒有人來救我！最後，我越關越火大，就向自己發誓，如果誰救我出來，我就要殺了他！」

聰明的漁夫，聽出這個瓶中巨人已經被關得是非不分、腦筋不清楚了，心生一計，對巨人說：「被你殺死、讓你解解恨，倒也沒差。但我有一事不明，如果沒有弄清楚，一定會死不瞑目的。」

大巨人有些好奇，答道：「好吧！你問吧！」

漁夫說：「我很疑惑，你這麼龐大的身軀，如何擠得進這麼小的瓶子裡？」

巨人哈哈大笑：「我的法力無邊，這對我來說有什麼困難？」

漁夫說：「我還是不相信，如果不是親眼看到，我才不相信你有這種能耐！」

大巨人果真中了激將法，說道：「好吧！就讓我來顯顯本事，也讓你在臨死之前開開眼界！」

說著，大巨人又化為一股青煙，滴溜溜地鑽回瓶子中……漁夫看準時機，迅速地將瓶塞塞回，對瓶中的大巨人說：「你這個忘恩負義的傢伙！我要將你丟回海中，看看再過幾個一百年，才會有人來救你！」

大巨人在瓶中哀求：「是我不對，求求你大人不記小人過，放我出來吧。」

漁夫要巨人慎重發誓，才放他出來。巨人為了報答漁夫，施展法術為他全家帶來無窮的富裕與幸福……

臨床上碰到這類習慣是非不分、錯誤歸因的當事人，我會打趣地說：「你罹患的是『瓶中巨人症候群』！」並為其解說這個小故事。通常只要看到當事人聽完露出會心的一笑，我就知道他的問題應該有解了。

朋友們，你看得出來自己的負面情緒從何來嗎？眼前的不幸，真正的原因是什麼？人生中誰在幫你、誰在害你，你分得出來嗎？你對周遭的人、事、物，可以用純然客觀的眼光來看待嗎？

下一次，在下定論之前（尤其是充滿情緒的定論），

本段落心靈影像

心靈影像與提醒物	意涵
瓶子	負面情緒的真正原因是什麼？別讓錯誤歸因害了你也錯怪別人喔！

記得三思啊！

過度相關

你是否曾有這樣的經驗：在自己做錯事、說錯話，或旁人傳出一些關於自己的八卦、或僅僅是遭人誤解後，發現周遭的人看自己的眼神、對自己的態度都不一樣了！甚至隨著時間進展，問題不但沒有解決，反而覺得愈來越多人加入，一同排擠自己！這樣的遭遇，常令人痛苦不堪！

但真相其實是，大多數人在意的，通常都是「自己」的煩惱，所以對於你這個「外人」，即使真的因為某些事情而有一時的負面觀感，也比我們想像的還要快就淡忘了。

唯一長時間耿耿於懷的，其實只有你自己！結果，別人都已經沒事了，但是因為你仍舊覺得他們不友善，所以投射出自己的敵意，導致周遭的人真的也只好回應以不友善！到頭來，其實是自己讓事態擴大的！

太在意自己，太過於強調自己的重要性，將周遭的人、事、物都設定與自己「過度相關」，這是另一種常見的負面思考模式！

將這種「過度相關」發揮到極致的，就是妄想症或是思覺失調症（精神分裂症）的患者。

一位妄想型思覺失調症的患者陳述他的妄想內容：「我不論走到哪裡，都有許多人在監視我，警察、軍人、所有穿著制服的人、鄰居、甚至我的家人都被收買，隨時監視我的一舉一動。」

「這些人的目的是什麼？」我問到。

「要將我逼到絕境吧！」

「他們總有一個帶頭的人或是發號司令的組織吧？」我接著問。

「我猜應該是某個秘密的警察組織吧……」

「你有這樣的困擾有多久了？」

「大概十幾年了吧！」

「平均每天有多少人在監視你呢？」

「三、五百人跑不掉吧！」

「派一個人來盯你，一天的薪資假設是一千元，動員這麼多人，每天就要花掉三、五十萬！十多年下來，保守估計也要花費九億多元……我看你這十多年來也毫髮未損，這個秘密警察組織好像還沒有害到你，就已經先害自己荷包大失血了。」

讀者們，你覺得這樣的對話，會讓患者幡然醒悟嗎？其實，成功的機率極低，反而有可能的是，患者絞盡腦汁，再想出一套自圓其說的論點；甚至惱羞成怒，從此再也不願跟你透露他的「秘密心事」了！

這樣的患者，其實反映出來的，是一種十分令人同情的潛意識狀態：因為極度的孤獨與自卑，經由「反向作用」而成為極度的自我中心。在幻想的世界中，「我是最重要的人！」所以所有的人都要盯著我（雖然是以一種負面的方式）。

越有自信的人，越不在意大家有沒有注意到自己，也不會在乎暴露自己的缺點或過錯，「大不了大大方方地承認或道歉就好了啊！」擁有這種非凡自信的人，永遠都不會因「過度相關」的負向思考而困擾。

不要錯誤解讀事情的可能性

另一種過度相關，發生在錯誤解讀事情的「可能性」上。延續前面提過的例子：

你安慰一位因為坐飛機而緊張不堪的人：依照統計，飛機的肇事率，其實是所有大眾交通工具之中最低的。他會回答你說：「如果我就不幸遇上呢？」

你跟一位擔心「坐到愛滋病患者坐過的馬桶，就會得愛滋病」的強迫症患者，說明這樣的機會不到萬分之一；他會信誓旦旦地說：「如果我就遇到那個『萬一』呢？」

這樣的憂慮的背後，其實還是把自己看得太重要，把自己視為世界的中心：「事情如果要發生，就一定會發生在我身上……」

有一位容易神經緊張的阿姨，有一次回家途中經過一個搭在路旁的喪禮棚子，好奇地往裡面看了一眼。不看還好，這一望剛好就與死者（一位老伯）的遺照對到眼！回到家後阿姨心中忐忑不安，老覺得老伯會找上自己，纏著自己不放，甚至因此擔心到焦慮症復發……

門診時我問阿姨：「你相信死掉的人會干擾活著的人嗎？」

阿姨點點頭。

「那你相信死掉的人有能力找到一個喜歡的人，並且糾纏他嗎？」

這點說到她的擔心，阿姨皺皺眉頭，又點點頭……

「那你就可以放心了啊！」

阿姨有些疑惑地望著我說：「為什麼？」

「因為老伯大可以去找林志玲、蔡依林，為什麼要纏著妳？」

一段幽默的對話，打破阿姨「過度與自己相關」的思考模式，也在輕鬆的氣氛中解決了她的困擾。

這一章裡，討論了人們常見的負向思考及ＭＩＴ的解決之道。但，人們的負面想法何其多，豈是這短短的幾頁篇幅就能一網打盡？

還好，在這整本書中，有無數的心靈影像素材，可以讓你打破一成不變的負向思考模式。記住，問題是死的，而人是活的！活學活用，擊退負向思考應該不是一件遙不可及的夢想。更重要的，是挑選出跟你最對味的「提醒物」，讓提醒物在日常生活中反覆澆灌、反覆施肥，自然就可以讓取代負向思考的「正向思考迴路」成長茁壯囉！

如果還是沒辦法，別忘了「遛腦」這一招：無論多麼負向、固執、偏激的想法，只要你採取一種「超然」的立場，冷眼旁觀，坐視思潮來來去去，完全不為這些想法的內容所影響……那麼，多麼負面的想法也對你沒轍了喔！

本段落心靈影像

心靈影像與提醒物	意涵
警察、軍人、喪事	對治「過度相關」的方法，就是不要以為周遭的人都圍繞著自己打轉，不要將自己想得太重要！

第十二章

人為什麼要對別人以及這個世界好？

本書中，到目前為止的章節，都著眼於如何改善自己的身、心、靈狀態，以及如何讓自己的人生更美好。在本書結束之前，我還想談一談最後一個、卻也許是最重要的主題，就是：

除了對自己好之外，人為什麼要對別人以及這個世界好？

聰明與智慧的差別在哪裡？

小時候，喜愛讀歷史故事，可惜的是，許多故事到長大後也就逐漸淡忘了。但，其中有一則，卻令我留下終身的印象。

戰國時期，齊國有一個人名叫馮諼，貧窮無業，欲寄食於孟嘗君門下。孟嘗君問他有何本事？馮諼說自己沒有什麼本事，孟嘗君還是接納了他。

之後馮諼一直抱怨說吃飯沒有魚可以配，外出沒車可坐，想要奉養家裡老母錢又不夠等等的來測試孟嘗君，孟嘗君寬宏大量，一一滿足他的需求。

不久，孟嘗君需要一位懂會計的人去自己的封地薛邑收債，馮諼自我推薦願意擔當這個任務。臨行前，馮諼問孟嘗君：「債收完了，要買些什麼東西回來嗎？」孟嘗君說：「你看家裡缺些什麼，就買什麼回來吧。」

馮諼到了薛邑，與人民校對完債券後，假稱孟嘗君特別開恩，免除人民的所有欠債，一把火把債券都燒了！百姓們歡欣鼓舞、感激涕零。

返回齊都之後，孟嘗君召見馮諼，詢問：「債收完了嗎？」馮諼說：「收完了。」又問：「買了些什麼回來呢？」馮諼答道：「您說家裡缺什麼就買什麼，我看您家中珍寶積於倉庫、犬馬實於外廄、妻妾充滿堂內，什麼都不缺了，所缺的就只有『義』

而已，所以幫您買了『義』回來。」

孟嘗君有些不祥的預感，問道：「何謂『買義』呢？」馮諼回答：「今日您只有區區薛邑一個封地，不思考如何勤政愛民，卻以高利貸來圖利於民……所以我私自做主，優免百姓的負債，將債券燒了，百姓都感激萬分！」

孟嘗君心中不悅，叫馮諼退下。

一年後，齊湣王因故辭退孟嘗君的相位，孟嘗君灰頭土臉地離開齊都，回到自己的封地薛邑。百姓於百里之外即扶老攜幼、夾道歡迎。孟嘗君十分感激，對身後的馮諼說：「先生當初為我『買義』，我現在終於明瞭其中的道理了！」

這就是馮諼為孟嘗君「焚券市義」的故事。

孟嘗君絕對是一位「聰明」的人，而馮諼則是一位

本段落心靈影像

心靈影像與提醒物	意涵
便利商店、超市、大賣場	來到商場，不知道買些什麼，就多買些「義」吧！

有「智慧」的人。聰明與智慧的差異在哪裡？我想就在於誰能夠「看得更遠」吧！

懂得斤斤計較、用盡方法攫取眼前利益的人，可能是一個聰明的人；但知道仁民愛物、廣植福田的人，則絕對是一個目光遠大、有大智慧的人！

索求與給予

大多數人執著的想法是：「我從外界索求的越多，我所得到的也就會越多！」但這正是人們空虛與痛苦的來源。因為，人們的慾望是無窮無盡的！已經得到的東西，很快就會讓你習以為常，無法再為你帶來任何快樂！強烈的欠缺感，成了一個無底洞，讓你勞心勞神不斷地去填補它，到頭來卻是越補越大洞。

許多人都說，我只要中一億元的樂透，我就會成為世界上最快樂的人！但君不見，身價破億的名人富豪們，真正快樂的有幾個？反倒是不時聽聞名人、富豪們憂鬱、酗酒、吸毒甚至自殺的消息。

所以我相信，人們無法從對於這個世界的索求與剝削中，得到真正的快樂；即使有，也是短暫、虛無的；如同飲鴆止渴，終將遭慾望反噬！

相對地，我深信，**一個人給予世界的越多，世界回饋給他的也會更多！**

乍聽之下令人難以置信吧！

對個人來說，行善雖然不會有功利層面的實質收穫；但長遠來看，卻能從中得到眾人的感激與尊敬、心中的滿足與喜悅，甚或隨之而來、無價的身心健康與寧靜，這是多麼一本萬利的投資啊！

以存在主義的觀點來看，每個人都難逃一死，在生命來到終點時，對於即將離開這個世界的你我而言，一輩子汲汲營營的一切，終將歸於毫無意義！如何避免人生落入一場空？唯一的辦法，就是創造出可以與世長存的「價值」。幫助別的生命、改善這個不完美的世界，就是最有價值的事情！

本段落心靈影像

心靈影像與提醒物	意涵
手心往上還是手心往下？	你的空虛與痛苦，是否來自於無謂的「不滿足」？對這個世界來說，你是索求者，還是給予者呢？

親愛的朋友，對這個世界來說，你是給予者，還是索求者呢？

行善是最佳的自我溝通

每個人，都希望能和其他人順利溝通。其實，天底下有一個很獨特的人，是最需要與他先建立起良好溝通關係的。那個人，不是別人，就是「你自己」！

也許有人會說，「怎麼可能？」我很了解自己，我就是我，怎麼可能還需要跟自己多做什麼溝通？

試想，如果我們跟自己的溝通真的無礙，為什麼有時候想睡覺他卻偏偏不睡？不想煩惱他卻一直鑽牛角尖？多少事情是自己知道不該做，卻又忍不住偏偏做了？從小到大有多少的願望是你答應自己的，到頭來也是自己沒能做到？憂鬱、難過時，你能說停就停嗎？

所以，你會驚訝地發現，我們總是想影響、改變別人；但最不聽自己話的，常常反而是自己！許多心理疾病，也可以說是與自己的溝通出了大問題。

由此可知，與自己建立良好的溝通有多重要！

但是，幾乎所有人都不了解的是，與自己溝通的主要方式，並不是所謂的「自我對話」。藉由言語、想法與自己溝通，效果是有限的。有過睡不著「數羊」經驗的人就知道，不論是用腦袋還是用嘴巴，都很難「說服」自己聽話入睡。

那麼，與自己溝通最有效的方式是什麼呢？如何讓自己「聽話」，進而做到「身心調和」、「心想事成」呢？

心理學家發現，潛藏在理性之下的「我」，是一種很感性、很感官、很直覺、甚至很原始的東西，不容易用理智去操控。試想，如果理智能解決問題，那世上就不應該有這麼多煩惱了！

但自我卻容易受到間接的「暗示」、「感應」與「感動」所影響。你可以想像，「自我」就像典型的青少年一樣，總有自己的主張。父母、師長的說教通常是沒用的，外面哥兒們的一聲吆喝，卻能讓他奮不顧身。而以身作則、潛移默化的方式，卻又有機會慢慢地感化他。

所以，心理學家整理出與「自己」溝通的最有效的管道，包括：表情、姿態、肢體動作、行為、及行為所創造出來的經驗等。例如微笑的表情，告訴自己「我心情好」；抬頭挺胸，暗示自己「我有自信」。規律運動，讓自己知道「我該擁有健康」。單車環島、鐵人三項等高峰經驗，告訴自己「我是一個不平凡的人」！

以這樣的心理學觀點來看，「行善」，就是一種極為正向、有效的自我溝通方式！不求回報的付出，向自我傳遞了許多不同凡響的訊息。包括：我是一個有價值的人、我有能力為世界帶來正面的影響、我是富足的，所以有餘裕貢獻他人！藉由善行義舉的實踐，各種強大的正向的訊息，迅速滋養了我們的心靈！

熱心付出的人，表面上犧牲了一些金錢、心力、或是時間，但是他的心靈是安祥、喜悅、豐盛、富足的。

相對的，社會上也充斥了許多只知索取的人、甚至無所不用其極損人以利己的人，即使總是能用盡手段得到他想要的東西，但是他的心靈卻永遠是貧乏、虧欠、內疚、惶惶不安的。由此可見，藉由不同的行為來自我溝通，可以得到天差地別的心靈塑造功效！

這就是為什麼人們永遠都可以藉由單純的奉獻，得到最大的喜悅與滿足。對別人與這個世界好，除了被幫助的對象受益，收穫最大的，其實就是自己！

曾看過一個木匠蓋房子的故事，我略做改寫，試著傳達自己對於「人為什麼要行善」這件事的理解……

有一個汽車工廠，內部有十個部門，分別負責生產一台汽車的十大系統零件。員工們也分為十組，每一組在一個部門服務一年，專門製造一個系統的所有零件；一年之後，就輪調到下一個部門。

員工們分為幾種類型。第一型是專門打混摸魚、做事漫不經心的員工。他們對於自己打造的零件品質毫不在意，甚至藉由偷工減料來圖些個人利益。他們的理念是：「在偌大的工廠中，就算不認真工作，也根本不會被發現；而且反正以後車子是別人在開，好壞根本與我無關！」

第二型的員工，隨著自己的心情、好惡不同，決定自己的工作態度。遇到順眼的長官、聊得來的同事，或者只不過是今天心情特別好，工作起來就特別認真，製作的零件也就品質精良。如果今天情緒不佳、或是與同事發生一些衝突，做起事來就粗手粗腳、隨意馬虎。他們的信念是：「我的心情最大，我好大家就好，我不好的話，你們也別想好過！」

第三型的員工，比較懂得區分事情的輕重緩急，在輪替到引擎、變速箱、傳動軸、

從這樣的觀點來看，還有人敢放任自己，做出傷害他人以及這個世界，甚至損人以利己的事情嗎？不但不該再做不好的事情，更要積極付出，從自己身邊的家人、親友、學業、事業、甚至社會與生態環境做起，努力貢獻一己之力！「勿以善小而不為、勿以惡小而為之」，即使世上的因果晦暗不明，即使你不相信潛意識的強大力量，單純的「問心無愧」，也算是一種千金難買、可以立即享用的珍貴禮物吧！

行善讓自己的心量變寬廣

以下內容，來自於一位海外志工的分享……

初到印尼海嘯災區，氣候潮濕炎熱、大雨傾盆、道

本段落心靈影像

心靈影像與提醒物	意涵
汽車、工廠、生產線	想要與自己充分溝通、不斷提升自我、獲致無價的平靜心靈，「行善」是最佳的方案！

路泥濘、蚊蠅肆虐，加上飲食與居所均十分簡陋，讓所有的志工都苦不堪言。

但神奇的是，一天辛勞的賑災工作下來，大家能夠坐下來歇歇腿、吃上幾口粗茶淡飯，就十分安慰。晚上營帳簡陋、蚊蟲叮咬，每個人卻都能睡得香甜。

回想在家中，衣食不缺、環境舒適，一點小事卻足以讓人抱怨半天、一隻蚊子就可以擾人清夢……在這裡每天目睹災區的慘狀，也看到災民得到幫助時的歡顏，自己平日的煩惱似乎都飄然遠去……

人們痛苦的來源，常來自於總是將注意力放在自己身上！當你放過自己，將注意力轉向世界，細細觀察其他生命的痛苦與需求，盡一己之力給予協助，你會發現……

人生是如此有趣，當你不求回報地投入越多，它給你的回饋也更加豐盛！

我相信所有的人、事、物，都隱藏了正向的意義；正因為如此，所有的人、事、物，都值得感恩與學習。

其實，大智若愚、大巧若拙……

為什麼要行善？也許，行善的最高境界，就是「根本不為了什麼！」
在此敬獻給各位讀者的最後一個心靈影像，就是：白紙一張……

結語

小時候，我確實想要成為一個大俠……

如果沒有辦法成為身懷絕技、瀟灑飄逸、濟弱鋤強的俠客，至少也要鍛鍊自己的體魄，成為一個身手不凡的武林高手。

長大後，尤其學醫之後，才體會到一個殘酷的事實：人的體能、力量、反應速度等身體素質，無論如何鍛鍊，都是有其極限的！不但不可能達成武俠小說中的飛簷走壁、劈山碎石、刀槍不入、以一敵百的境界。盲修苦練之下，只會帶來肌肉拉傷、韌帶受損、關節磨耗等運動傷害以及身體功能的提早退化！

這應驗了一句話：「幻滅是成長的開始」。

還好，在歷練更深之後，柳暗花明，有了更深一層的體悟……

人的體能、力量與速度，即使勤修苦練，也不可能提升到其他人的十倍、百倍；但是許多人經過努力與堅持，卻可以讓自己的「成就與貢獻」，是他人百倍、千倍、甚至萬倍！

這些人，就是真實世界中的大俠吧！

這些大俠所擁有的，不再是絕世武學、深厚的功力、或是上古的神兵利器；他們所具備的，是洞澈的智慧、遠大的抱負、堅忍卓絕的毅力、以及無盡的慈悲與關懷！

好消息是，這些「現代大俠」所具備的特質，是平凡如你我，只要有心，都可以輕易獲得的！

使用本書中便捷的心靈影像技巧，不但能夠解決人生的難題與煩惱，更可以快速且持久地建立各種正向的態度與特質，進而成就幸福成功的人生！

如果「心靈影像治療法」是一種武功，它可能類似最近頗為出名的「詠春拳」；

講究以快打慢、後發先至、截彎取直、連消帶打；以最有效率的方法，在消除煩惱的瞬間，也同時建立正向的信念！

ＭＩＴ心靈影像治療法，幫助我在人生的路途中披荊斬棘、克服難關，在家庭與事業兩頭奔忙的同時，還能不斷追尋夢想、堅持助人的信念……期待讀者們也能從其中得到同樣、甚至更為豐碩的收穫！

在本書中，完全不藏私地呈現出心靈影像治療法的精髓。其實，與其說是我將心靈影像治療法公諸於世，不如說是心靈影像治療法藉由我這個人，讓自己不再蟄伏、出關下山、大展身手……

還記得小時候，心中的那個大俠嗎……

謝辭

走筆至此，辛勞即將告一段落，心中感恩之情不禁潰堤而出……

感謝一直以來支持、提攜我的師長、親友、長官、同仁、病友與家屬們，在你們知情或不知情的情況下，都有可能已成為我生命中最感激的貴人。

感謝學識淵博的父親，是我終身勤學不倦的典範；純樸憨直的母親，則是我永遠溫暖的心靈港口。妻子姿吟與岳父母，在我下班之後還需長時間查找資料及埋首寫作時，提供源源不絕的親情補給。至於四個調皮搗蛋的孩子，則是我寫作的一大動力（爸爸未來要教你們的道理太多了，自己翻書去吧……）

感謝遠流的同仁們，尤其總編輯若蘭姊的慧眼相識，讓這本書得以問世；感謝企劃雙如對於行銷與推廣的努力；更感謝執行編輯希林兄的編修與潤飾，讓全書更為簡潔洗鍊，讀來一氣呵成、暢快淋漓。

國家圖書館出版品預行編目資料

心靈影像的力量：讓你不得不心想事成，而且不必和自己硬拚 / 馬大元著. -- 初版. -- 臺北市：遠流, 2015.09

面； 公分

ISBN 978-957-32-7702-6(平裝)

1.成功法 2.自我實現

177.2 104016265

心靈影像的力量

讓你不得不心想事成，而且不必和自己硬拚

作　　者 馬大元
總 編 輯 汪若蘭
執行編輯 陳希林
封面設計 陳文德
行銷企劃 李雙如

發行人 王榮文
出版發行 遠流出版事業股份有限公司
地址 臺北市南昌路2段81號6樓
客服電話 02-2392-6899
傳真 02-2392-6658
郵撥 0189456-1
著作權顧問 蕭雄淋律師

2015年09月01日 初版一刷
定價 平裝新台幣280元（如有缺頁或破損，請寄回更換）

ISBN 978-957-32-7702-6
遠流出版公司 http://www.ylib.com E-mail: ylib@ylib.com